O **HOMEM** QUE
CONVERSOU COM
OS **ESPÍRITOS**

Solicite nosso catálogo completo, com mais de 300 títulos, onde você encontra as melhores opções do bom livro espírita: literatura infantojuvenil, contos, obras biográficas e de autoajuda, mensagens espirituais, romances palpitantes, estudos doutrinários, obras básicas de Allan Kardec, e mais os esclarecedores cursos e estudos para aplicação no centro espírita – iniciação, mediunidade, reuniões mediúnicas, oratória, desobsessão, fluidos e passes.

E caso não encontre os nossos livros na livraria de sua preferência, solicite o endereço de nosso distribuidor mais próximo de você.

Edição e distribuição

EDITORA EME

Caixa Postal 1820 – CEP 13360-000 – Capivari – SP

Telefones: (19) 3491-7000/3491-5449

vendas@editoraeme.com.br – www.editoraeme.com.br

O HOMEM QUE CONVERSOU COM OS ESPÍRITOS

GEZIEL ANDRADE

Capivari-SP
2011

© 2010 Geziel Andrade

Os direitos autorais desta obra foram cedidos pelo autor para a Editora EME, o que propicia a venda dos livros com preços mais acessíveis e a manutenção de campanhas com preços especiais a Clubes do Livro de todo o Brasil.

A Editora EME mantém, ainda, o Centro Espírita "Mensagem de Esperança", colabora na manutenção da Comunidade Psicossomática Nova Consciência (clínica masculina para tratamento da dependência química), e patrocina, junto com outras empresas, a Central de Educação e Atendimento da Criança (Casa da Criança), em Capivari-SP.

3ª edição – novembro/2011 – Do 4.001 ao 5.000 exemplares

CAPA | André Stenico
DIAGRAMAÇÃO | Equipe da Editora EME
REVISÃO | Hilda Fontoura Nami e Cristian Fernandes

Ficha catalográfica elaborada na editora

Andrade, Geziel
    O homem que conversou com os espíritos / Geziel Andrade - 3ª ed. nov. 2011 - Capivari, SP : Editora EME.
    256 p.
    Bibliografia

    1ª edição : dez. 2010
    ISBN 978-85-7353-453-5

1. Doutrina espírita. 2. História do espiritismo. 3. Princípios doutrinários espíritas. 4. Reuniões espíritas. 5. Transformação moral da Humanidade. I. Kardec, Allan. II. Título.

CDD 133.9

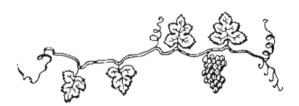

Colocarás, no início do livro, o desenho da videira que fizemos para ti, porque ela é o emblema do trabalho do Criador. Todos os princípios materiais que podem melhor representar o corpo e o espírito encontram-se nele reunidos: o corpo é a videira, o espírito é a seiva, a alma ou o espírito unidos à matéria são o bago. O homem eleva o espírito ao mais alto grau de depuração através de seu trabalho, e tu sabes que somente pelo trabalho do corpo é que o espírito adquire conhecimentos.

Espíritos diversos, nos
Prolegômenos de *O Livro dos Espíritos*

SUMÁRIO

Prefácio 11

Apresentação 13

1. Encontros com o senhor Fortier 15

2. Encontro com o senhor Carlotti 17

3. Convite inesperado 18

4. Acontecimentos na primeira reunião espírita................... 19

5. Reuniões na casa do senhor Baudin 21

6. Primeiros estudos sérios de espiritismo 23

7. A ideia de publicar os ensinamentos recebidos dos espíritos 26

8. A manifestação do guia espiritual e espírito protetor 28

9. A médium senhorita Japhet... 31

10. Elaboração de *O Livro dos Espíritos* 34

11. Publicação de *O Livro dos Espíritos* 36

     O lançamento de *O Livro dos Espíritos*........................... 37

     O pseudônimo adotado pelo professor Rivail.................. 37

12. A doutrina dos espíritos 39

13. Sucesso de *O Livro dos Espíritos* e a publicação da *Revista Espírita* .. 43

14. Fundação da Sociedade Parisiense de Estudos Espíritas............. 47

15. Publicação do livro *Instruções Práticas* 49

16. Defesa da reencarnação do espírito................................... 51

17. Influências dos espíritos... 53

18. Conselhos aos médiuns... 55

19. Aspecto religioso do espiritismo 57

20. Situação do espírito na vida futura 59

21. Tentativa de renúncia a cargo diretivo 61
22. Lançamento do livro *Que é o Espiritismo?* 63
    Nova edição do livro 65
23. Roupas e objetos dos espíritos.. 66
24. Defesa do espiritismo e dos espíritas 68
25. Lançamento da segunda edição de *O Livro dos Espíritos* 70
26. Evocação da alma de pessoas vivas.. 72
27. Valioso donativo recebido 75
28. Homenagem ao espírito São Luís 77
29. Viagens no interesse do espiritismo 78
30. Lançamento de *O Livro dos Médiuns* 80
31. Conselhos dos bons espíritos.. 85
32. Discurso de 5 de abril de 1861 87
33. Nova visita a Lyon 90
34. Auto-de-fé em Barcelona.. 92
35. Visita a Bordeaux 94
36. Conselhos aos espíritas.. 96
37. *O Espiritismo na sua Expressão Mais Simples* 98
38. Doutrina dos anjos decaídos.. 102
39. Milagres 104
40. Excesso de correspondências recebidas.................................... 106
41. Reencarnação e laços de família.. 107
42. Enterros 110
43. Balanço do progresso do espiritismo 112
44. Novo milionário em Paris 114
45. A alma e a vida material sob o ponto de vista espírita.............. 116
46. Suicídios 117
47. Atitudes e condutas perante as perseguições 120
48. Viagem espírita pela França 122
49. Possessão coletiva em Morzine 124
50. Acirramento da luta contra o espiritismo.................................. 128
51. Loucura espírita.. 130
52. Cruzada contra o espiritismo 132
53. Suicídio de supostos espíritas 135
54. Refutação das críticas contra o espiritismo 137
55. Cacetadas dos espíritos 141

56. Princípio da não-retrogradação do espírito 143
57. Rendimentos fabulosos do senhor Kardec 145
58. Seis períodos do espiritismo 147
59. Dedicação ao trabalho 149
60. Deus e a criação de seres perfectíveis 152
61. Universalidade dos ensinos dos espíritos 155
62. Lançamento do livro
    Imitação do Evangelho segundo o Espiritismo 157
    Terceira edição 161
    Vínculos, compatibilidades e
    concordâncias entre o espiritismo e o cristianismo 162
63. Obras de Allan Kardec no *Index* de obras proibidas 169
64. Aliados na defesa do espiritismo 170
65. Visita aos espíritas de Bruxelas e de Antuérpia 172
66. Papel de Allan Kardec na constituição do espiritismo 175
67. Apreensão com a morte 176
68. Primeiro abalo na saúde de Allan Kardec 178
69. Matar para se alimentar 180
70. Mudanças na vida de Allan Kardec 182
71. Lançamento do livro
    O Céu e o Inferno ou A Justiça Divina segundo o Espiritismo 184
72. Atividades incessantes de Allan Kardec 187
73. Inferioridade da alma da mulher 189
74. Prática da prece no espiritismo 192
75. Morte do senhor Didier, editor espírita 194
76. Explicações sobre a origem da matéria 195
77. Novo abalo no estado de saúde de Allan Kardec 198
78. Pedras e flores no caminho percorrido 200
79. Estímulos ao trabalho recebidos 202
80. Propagação do espiritismo 204
81. Expansão da mediunidade 205
82. Retrato de Allan Kardec
    desenhado e litografado pelo senhor Bertrand 207
83. Nova visita a Bordeaux 208
84. Metodologia desenvolvida e empregada por Allan Kardec 210

85. Lançamento do livro
A Gênese, os Milagres e as Predições segundo o Espiritismo 212
Apreciação do livro A Gênese por parte do espírito São Luís..... 213
Colocação à venda do livro A Gênese mundialmente................. 213
Brochura Caracteres da Revelação Espírita........................ 214
Segunda edição do livro A Gênese 214
Conselhos recebidos do
espírito dr. Demeure sobre o livro A Gênese 214
Terceira edição do livro A Gênese 215
Novos conselhos recebidos
dos espíritos para a reformulação do livro A Gênese 216
86. Progressos do espiritismo em 1867................................ 218
87. Pioneiros do espiritismo na Espanha 220
88. Reconhecimento da grande propagação do espiritismo 222
89. Prudência de Allan Kardec
na definição de um princípio espírita 223
90. O espiritismo é uma religião?.................................... 225
91. Número de adeptos do espiritismo 227
92. Mudança de endereço de Allan Kardec........................... 229
93. Morte súbita de Allan Kardec 230
94. Palavras dos sucessores
de Allan Kardec na Revista Espírita.............................. 232
95. Elogios do senhor Levent,
pronunciados diante do túmulo de Allan Kardec...................... 233
96. Elogios do senhor Camille Flammarion,
diante do túmulo de Allan Kardec 235
97. Agradecimentos do senhor Alexandre Delanne,
diante do túmulo de Allan Kardec 236
98. Elogios do senhor E. Muller,
diante do túmulo de Allan Kardec 237
99. Elogios do Le Journal Paris..................................... 239
100. Instruções do espírito Allan Kardec 240
101. Outras instruções do espírito Allan Kardec 242
Palavras finais.. 245
Apêndice: cronologia dos fatos
que marcaram a vida do professor Rivail.................... 247
Bibliografia... 253

PREFÁCIO

Li com muita satisfação os originais do novo livro do Geziel Andrade. É um livro precioso, com abordagem inédita sobre a vida e obra do codificador.

É bem diferente de toda a literatura existente sobre o assunto. Mostra o dia a dia, em progressão cronológica, das incessantes atividades de Allan Kardec na seleção e elaboração do material que seria o roteiro de teoria e prática da doutrina espírita.

Constam, no livro, detalhes inéditos e inúmeras ocorrências pouco conhecidas, mas não menos importantes, que marcaram a vida do codificador.

Muito interessante o método de pesquisa do autor. Pinçou assuntos importantes, controversos, significativos das obras básicas da doutrina espírita e inúmeras outras obras adicionais e correlatas ao assunto, colocando ao alcance do leitor a história cronológica da elaboração da doutrina que é, sem dúvida, a terceira revelação prometida por Jesus.

É uma obra completa e muito bem escrita. Sem ser de leitura cansativa, leva o leitor a sentir um crescente interesse pelos fatos cronologicamente relatados.

HILDA FONTOURA NAMI
Revisora e estudiosa da doutrina espírita,
reside em Ribeirão Preto, interior de SP.

APRESENTAÇÃO

Este livro é muito mais que a simples biografia de Allan Kardec. Ele reúne todos os fatos importantes que marcaram a sua vida e obra.

Contém a história da constituição do espiritismo, em rigorosa ordem cronológica. Mostra os passos que o codificador trilhou durante o seu trabalho consciencioso e magistral de constituição da doutrina espírita, em seu tríplice aspecto: científico, filosófico e religioso.

Nesse livro, vamos analisar, em detalhes, as ocorrências mais importantes que marcaram a vida desse homem sábio, corajoso, trabalhador, dotado de enorme bom-senso e de extraordinário espírito benevolente e empreendedor.

Mas vamos também examinar cada princípio do espiritismo e as inovações que eles trouxeram nas ideias e crenças da Humanidade, contribuindo para a sua transformação moral.

Convido, pois, o prezado leitor a acompanhar-me, de espírito aberto, nesta jornada interessante e instrutiva. Com certeza, serão momentos emocionantes que engrandecem a alma e, ao mesmo tempo, renovam e dilatam o nosso saber e entendimento sobre a vida e a obra do Criador.

GEZIEL ANDRADE

1

ENCONTROS COM O SENHOR FORTIER

Paris, 1854.

O professor Hippolyte Léon Denizard Rivail era um educador muito conhecido, admirado e respeitado por toda a França, pela sua forte atuação no campo do ensino e por ter publicado mais de uma dezena de livros didáticos nos campos da aritmética, literatura, educação, pedagogia, gramática e ciências.

Em um encontro casual que teve com o senhor Fortier, a quem conhecia há muito tempo, foi-lhe falado, pela primeira vez, de um fenômeno que estava se tornando muito popular na França: o das mesas que giravam sob a ação dos chamados magnetizadores.

> – Foi descoberta uma nova propriedade singular no magnetismo – disse-lhe o senhor Fortier. Não apenas as pessoas podem ser magnetizadas, mas também as mesas. Assim, elas podem girar e caminhar à vontade. Posso dar-lhe testemunhos pessoais, pois, como sabe, sou um magnetizador.
>
> – O fato narrado por você – disse-lhe o professor Rivail – parece-me, a princípio, bastante estranho, mas não totalmente impossível. Imagino que o fluido magnético, sendo uma espécie de eletricidade, possa perfeitamente atuar sobre os corpos inertes, fazendo-os mover. Além do mais, já li nos jornais a respeito das experiências feitas em Nantes, em Marselha e em algumas outras cidades, atestando a realidade desse fenômeno.

O tempo passou e, depois, houve um novo encontro casual com o senhor Fortier. Nessa ocasião, foi lhe dada a seguinte informação complementar:

– Rivail, em nosso último encontro, falei-lhe das mesas que giravam sob a ação dos magnetizadores, mas, agora, tenho uma notícia muito mais extraordinária: as mesas, uma vez magnetizadas, podem também responder às perguntas que lhes são formuladas!

Chocado com essa notícia estranha, o professor Rivail respondeu:

– Só acredito vendo o fato ou quando me provarem que uma mesa tem cérebro para pensar, nervos para sentir e que possa tornar-se sonâmbula. Até lá, permita que eu não veja no caso mais do que um conto para fazer-nos dormir em pé. Além do mais, atribuir inteligência a uma coisa puramente material é aceitar um fenômeno totalmente contrário às leis da Natureza. Portanto, permita que a minha razão repila tal ocorrência, embora saiba que algumas pessoas honradas e dignas de fé, como você, estejam fazendo experiências sérias nesse campo. A ideia das mesas falantes não entra na minha mente. Assim, preciso ver para crer.

BIBLIOGRAFIA
KARDEC, Allan. *Obras Póstumas*. Segunda parte:
A minha primeira iniciação no espiritismo.

2

ENCONTRO COM O SENHOR CARLOTTI

Paris. Começo do ano de 1855.

O professor Rivail encontrou-se, de modo casual, com o senhor Carlotti, um amigo de 25 anos.

Foram momentos agradáveis, pois o senhor Carlotti era uma pessoa muito admirada e estimada por possuir uma grande e bela alma, embora possuísse um temperamento ardoroso e enérgico.

Nessa oportunidade, falou ao professor Rivail, com exaltação e com o entusiasmo que dedicava às ideias novas, por cerca de uma hora, sobre os fenômenos das mesas falantes, atribuindo a eles como causa a intervenção dos espíritos.

O senhor Carlotti falava com empolgação e dizia coisas surprendentes acerca da intervenção dos espíritos. Estes não só produziam os fenômenos das mesas falantes, mas também podiam responder às perguntas que lhes eram dirigidas.

Tudo isso, ao invés de convencer o professor Rivail, gerou nele muita desconfiança, aumentando-lhe as dúvidas, embora soubesse que tais fenômenos estavam se tornando populares na França.

O senhor Carlotti percebendo a indignação do professor Rivail, concluiu a conversa dizendo:

– Um dia, o senhor será um dos nossos!

Ao que o professor retrucou:

– Não direi que não; veremos isso mais tarde.

BIBLIOGRAFIA
KARDEC, Allan. *Obras Póstumas*. Segunda parte:
A minha primeira iniciação no espiritismo.

3

CONVITE INESPERADO

Paris. Maio de 1855.

O professor Rivail seguia, em companhia do senhor Fortier, para uma reunião de amigos na casa da senhora Roger.

Lá, num ambiente muito descontraído, encontrou-se com dois outros conhecidos: o senhor Pâtier e a senhora Plainemaison. Logo, estes direcionaram a conversa para o assunto que estava na moda em Paris: os fenômenos das mesas falantes. Falavam no mesmo sentido que lhe havia falado, há algum tempo atrás, o senhor Carlotti, mas com um tom de voz muito diverso.

O senhor Pâtier era um funcionário público, de uma certa idade. Era uma pessoa muito instruída e tinha o caráter grave, frio e calmo. Ele narrou ao professor Rivail os fatos surpreendentes que costumeiramente presenciava nas sessões das mesas falantes, usando de uma linguagem pausada e isenta de qualquer entusiasmo. Isto prendeu a atenção do ilustre professor, causando-lhe uma impressão muito viva.

Para comprovar que os fenômenos eram autênticos e para eliminar as descrenças ou dúvidas do professor, o senhor Pâtier o convidou para assistir as experiências que seriam realizadas na casa da senhora Plainemaison, na rua Grange-Batelière, 18.

Era tudo que o professor Rivail esperava. Assim, o convite foi aceito imediatamente. A reunião estava marcada para a próxima terça-feira, às oito horas da noite.

BIBLIOGRAFIA
KARDEC, Allan. *Obras Póstumas*. Segunda parte:
A minha primeira iniciação no espiritismo.

4

ACONTECIMENTOS NA PRIMEIRA REUNIÃO ESPÍRITA

Uma vez aceito o convite formulado pelo senhor Pâtier, o professor Rivail compareceu na casa da senhora Plainemaison para assistir à sua primeira reunião espírita, onde esperava tirar as suas muitas dúvidas acerca dos fenômenos das mesas falantes.

Pensava: nada como ver para crer. Nada melhor do que ser a própria testemunha ocular dos fatos estranhos que me foram narrados. Nada como formar uma opinião pessoal baseada em fatos observados e constatados.

Com esse objetivo, mas com a mente aberta para presenciar qualquer tipo de acontecimento, o professor Rivail viu, de modo inequívoco, as primeiras manifestações dos espíritos, através das mesas girantes e da escrita mediúnica.

Os acontecimentos presenciados nessa reunião espírita foram tão surpreendentes, embora o caráter fútil da sessão, que o professor Rivail escreveu, mais tarde, o seguinte a respeito:

> Foi aí que, pela primeira vez, presenciei o fenômeno das mesas que giravam, saltavam e corriam, em condições tais que não deixavam lugar para qualquer dúvida.
>
> Assisti então a alguns ensaios, muito imperfeitos, de escrita mediúnica numa ardósia, com o auxílio de uma cesta.

E o codificador continua, demonstrando seu bom-senso:

> Minhas ideias estavam longe de precisar-se, mas havia ali um

fato que necessariamente decorria de uma causa. Eu entrevia, naquelas aparentes futilidades, no passatempo que faziam daqueles fenômenos, qualquer coisa de sério, como que a revelação de uma nova lei, que tomei a mim estudar a fundo.

BIBLIOGRAFIA
KARDEC, Allan. *Obras Póstumas*. Segunda parte:
A minha primeira iniciação no espiritismo.

5

REUNIÕES NA CASA DO SENHOR BAUDIN

Depois que constatou pessoalmente a veracidade das manifestações dos espíritos e com o desejo de estudar seriamente os fenômenos espíritas, o professor Rivail passou a frequentar as reuniões habituais que eram realizadas na casa da senhora Plainemaison. Ali entrou em contato com muitas outras pessoas que se dedicavam às comunicações com os habitantes do mundo espiritual.

Numa dessas reuniões, o professor Rivail conheceu a família Baudin, residente à rua Rochechouart. Logo ficou sabendo que o senhor Baudin realizava também sessões espíritas em sua própria casa.

Notando o interesse que o professor Rivail havia demonstrado em estudar, de forma séria, os fenômenos espíritas, o senhor Baudin convidou-o a participar em uma das sessões realizadas em sua residência, onde poderia observar melhor os fatos novos.

O professor Rivail aceitou imediatamente o convite gentil que lhe fora formulado. Ali cuidou de observar mais atentamente os fatos e as manifestações dos espíritos, como ainda não tivera a oportunidade de fazê-lo. Dessa forma, tornou-se um frequentador muito assíduo nas sessões.

O que surpreendeu, desde o início, o professor Rivail, foi que as reuniões realizadas na casa do senhor Baudin eram numerosas, tinham frequentadores habituais e contavam com a presença de muitas pessoas que solicitavam a permissão para assisti-las.

Nessas reuniões, um fato notável despertou-lhe a atenção: as filhas do senhor Baudin, as senhoritas Caroline Baudin, de 16 anos, e Julie Baudin, de 14 anos, serviam de médiuns, com uma habilidade extraordinária. Elas intermediavam a escrita dos espíritos numa ardósia, com o auxílio de uma cesta, na qual as meninas colocavam as mãos nas bordas. Um lápis adaptado e preso na cesta, chamado de bico, permitia a escrita na lousa.

Outro fato notável era que essa forma de escrita mediúnica, por não permitir o contato direto dos médiuns com o lápis, excluía a possibilidade de qualquer intromissão das suas ideias nas palavras escritas pelos espíritos.

Então, nessas reuniões, até certo ponto desconcertantes, o professor Rivail teve o ensejo de ver comunicações contínuas dos espíritos. Além disso, constatou como eles podiam responder às perguntas que lhes eram formuladas, revelando ideias que jamais haviam passado na mente das pessoas presentes, notadamente na das duas jovens médiuns.

Outro fato que impressionou bastante o professor Rivail foi que, algumas vezes, as respostas eram dadas a perguntas formuladas mentalmente, acusando, de modo evidente, a intervenção de uma inteligência estranha às presentes nas reuniões.

Outra realidade que causou estranheza ao professor Rivail, desde o início, foi que, embora o caráter inusitado e a complexidade das ocorrências verificadas no local, as reuniões realizadas na casa do senhor Baudin tinham ainda um caráter frívolo. Os assuntos tratados eram geralmente banais. Serviam apenas para satisfazer a curiosidade e para divertir as pessoas presentes.

Nesse contexto de ausência de seriedade, costuma manifestar-se o espírito Zéfiro, que era considerado o protetor da família Baudin.

O espírito Zéfiro prestava-se muito bem ao caráter das reuniões. Ele sabia, com frequência, divertir e fazer rir a todos. Ele tinha um lado espirituoso e satírico que agradava facilmente as pessoas presentes. Somente quando precisava dar conselhos sábios, ponderados e sérios é que surpreendia a todos com as suas palavras muito oportunas.

O professor Rivail simpatizou-se também logo com esse espírito comunicante. Então, estabeleceram facilmente um relacionamento, marcado por diálogos amigáveis, por meio dos quais recebeu provas constantes da grande simpatia que lhe era dedicada por esse espírito.

BIBLIOGRAFIA
KARDEC, Allan. *Obras Póstumas*. Segunda parte:
A minha primeira iniciação no espiritismo.

6

PRIMEIROS ESTUDOS SÉRIOS
DE ESPIRITISMO

Foi nas reuniões realizadas na casa do senhor Baudin que o professor Rivail realizou os seus primeiros estudos sérios de espiritismo.

As manifestações dos espíritos, através das médiuns, eram abundantes e diversificadas, oferecendo um campo muito vasto e fértil para as observações sérias e profundas dos fatos espíritas.

Então, o professor Rivail passou a aplicar o método experimental, sem jamais elaborar quaisquer teorias preconcebidas.

Nessa investigação, ajudou-o muito as experiências que havia adquirido como professor e autor de inúmeros livros didáticos no campo das ciências aplicadas.

Ele passou, então, a observar atenta e cuidadosamente cada fato; a comparar os acontecimentos, deduzindo as suas consequências por um encadeamento lógico; e a avaliar prudentemente cada resultado obtido.

Desde o início de seus estudos, o professor Rivail compreendeu a gravidade da exploração que começara a empreender, porque a comunicação com os espíritos era algo totalmente novo e envolto em muitos preconceitos religiosos.

Foi, portanto, por meio das observações atentas, que o professor Rivail começou a solucionar cada dificuldade surgida no entendimento dos fenômenos espíritas. Foi assim que constatou, com toda a segurança, que a causa estava realmente na existência e nas manifestações dos espíritos, que eram as almas dos homens que haviam vivido na Terra.

A morte do corpo material não destruía a alma, que continuava de posse de todas as suas faculdades intelectuais e morais. Além disso, a alma, tendo sobrevivido à morte do seu envoltório corporal, podia manifestar-se e comunicar-se com os homens, através dos médiuns, para revelar-lhes detalhes de sua nova existência na vida espiritual.

Era uma constatação, de modo diferente, das manifestações e comunicações dos espíritos registradas em muitos livros religiosos, mas, com as novas revelações feitas pelos espíritos, acerca de todos os assuntos de interesse dos homens, certamente promoviam uma enorme revolução no saber humano.

A comunicação com os espíritos, através dos médiuns, dissessem eles o que dissessem, provava, de modo inequívoco, a sobrevivência da alma à morte do corpo material, confirmando os antigos preceitos religiosos. Mas as revelações surpreendentes, feitas agora pelos espíritos, iam muito além. Representavam um golpe fatal nas ideias materialistas, ao abrirem um novo entendimento da finalidade da vida material, ao devassarem as condições da vida da alma no além-túmulo.

A comprovação, baseada em fatos, da sobrevivência da alma no mundo espiritual e da sua comunicação com os homens abria um campo novo e imenso para explorações, investigações, observações, renovações no saber e no entendimento da dinâmica e da finalidade da vida.

Os homens, a partir de então, tinham condições de conhecer, baseados em fatos reais e em relatos dos próprios espíritos, todo o contexto que envolvia a alma, tanto na vida material quanto no mundo espiritual. A revolução que se iniciava no saber humano era incalculável, com os ensinos inusitados dos espíritos.

Foi com esse pano de fundo em mente que o professor Rivail aprofundou ainda mais os seus estudos sérios sobre as manifestações, comunicações e revelações dos espíritos, através dos médiuns.

Como decorrência natural, passou a levar, para cada sessão na casa do senhor Baudin, algumas questões previamente formuladas e metodicamente preparadas e dispostas, para que fossem respondidas pelos espíritos.

A sua expectativa era dialogar metodicamente com os habitantes do mundo espiritual, para obter deles informações pormenorizadas sobre a vida espiritual. Mas para sua surpresa e perplexidade, a sua expectativa foi amplamente superada. Para cada pergunta apresentada, surgia uma resposta dada com sabedoria, precisão, profundeza, clareza e lógica, envolvendo inclusive o objetivo da vida material para os espíritos encarnados.

Foi a partir de então que as sessões na casa do senhor Baudin, que não tinham um fim determinado, assumiram um caráter e um propósito muito sério, útil, instrutivo e proveitoso.

As pessoas sérias que frequentavam as sessões despertaram em si um vivo interesse por todos os assuntos tratados, convencendo-se de que, finalmente, fora descoberto um meio prático e seguro de se obter instruções valiosas acerca da vida da alma, tanto no mundo material, quanto no mundo espiritual.

BIBLIOGRAFIA
KARDEC, Allan. *Obras Póstumas*. Segunda parte:
A minha primeira iniciação no espiritismo.

7

A IDEIA DE PUBLICAR OS ENSINAMENTOS RECEBIDOS DOS ESPÍRITOS

O professor Rivail frequentou, por meses, as sessões realizadas na casa do senhor Baudin, mantendo seus diálogos via perguntas e respostas, com os espíritos, através das médiuns.

A princípio, a sua única preocupação era se instruir acerca da existência e sobrevivência da alma, das manifestações dos espíritos e das condições de vida existentes no mundo espiritual.

Porém, pouco a pouco, foi percebendo que os ensinamentos recebidos dos espíritos eram muito abrangentes, profundos e surpreendentes, atingindo todos os campos do saber humano.

Além disso, se fossem reunidos de forma ordenada e didática, ganhariam as proporções de uma doutrina inédita.

Portanto, os trabalhos de investigação das realidades espirituais e os questionamentos aos espíritos sobre os temas mais diversos possíveis deveriam continuar ininterruptamente, pois produziam resultados profícuos e promissores.

Em função disso, o professor Rivail concebeu a ideia de organizar metodicamente os ensinos recebidos dos espíritos, com o objetivo de publicar um livro que levasse as instruções obtidas para o público em geral. Era o mínimo que lhe era exigido em decorrência de tudo o que lhe vinha acontecendo até então.

Mas como conquistar a aceitação pública, numa sociedade fortemente influenciada, marcada, contaminada e estruturada sobre ideias materialistas? Como expandir o círculo restrito de pessoas sérias, no qual os espíritos se comunicavam através de médiuns, respondendo com sabedoria a inúmeras perguntas complexas que lhes eram formuladas, dando solução lógica para muitos problemas, enigmas, tabus e mistérios que sempre envolveram e atormentaram a Humanidade?

BIBLIOGRAFIA
KARDEC, Allan. *Obras Póstumas*. Segunda parte:
A minha primeira iniciação no espiritismo.

8

A MANIFESTAÇÃO DO GUIA ESPIRITUAL E ESPÍRITO PROTETOR

Paris. Março de 1856.

O professor Rivail persistia em seu trabalho sério de interrogar os espíritos a fim de obter deles a solução para muitas questões importantes que haviam sempre preocupado a Humanidade.

Em uma das assíduas reuniões na casa do senhor Baudin, o espírito Zéfiro lhe disse, através da mediunidade da senhorita Baudin, que um espírito de muita sabedoria o inspirava no trabalho em andamento.

Evidentemente, ele quis saber quem era esse espírito protetor, mas não obteve uma resposta satisfatória.

Alguns dias depois, em 25 de março de 1856, aconteceu um fato muito estranho: o professor Rivail estava trabalhando em seu gabinete, quando passou a ouvir pequenas pancadas na parede que o separava do aposento vizinho. A princípio, não deu muita atenção para esse fato, por, aparentemente, não ter uma causa plausível.

Porém, as pancadas se intensificaram, ficando cada vez mais fortes e mudando de lugar. Então, tornou-se impossível ignorá-las.

Ante o incômodo e estranho barulho, o professor Rivail decidiu proceder a uma minuciosa exploração nos dois lados da parede para verificar o que produzia aquele ruído forte que o estava perturbando e se tornando insuportável.

Porém, nada encontrou como causa. O que mais o intrigava era que, assim que ele se punha a buscar a causa, o ruído cessava sem qualquer explicação. Logo que retornava ao trabalho, o barulho voltava insistentemente.

Por volta das dez horas, sua esposa Amélie Gabrielle Boudet chegou da rua e entrou em seu gabinete para cumprimentá-lo. Ela imediatamente ouviu as pancadas e quis saber o que estava acontecendo e produzindo aquele barulho tão estranho.

– Estas pancadas estão ocorrendo há cerca de uma hora, sem que eu consiga identificar a causa!

Então, perplexos, puseram-se juntos a investigar a origem. Foram muitos minutos de busca, sem que lograssem êxito em identificar a procedência.

O que mais os impressionava era que o ruído estranho não cessava. E assim foi até a meia-noite, quando decidiram deitar-se.

No dia seguinte, na casa do senhor Baudin, o professor Rivail contou aos presentes o fato estranho que havia ocorrido em sua casa. Então, decidiu pedir ao espírito Zéfiro uma explicação para a inesperada ocorrência. A resposta foi surpreendente:

– As pancadas foram produzidas por seu espírito familiar, que queria comunicar-se.

Então o professor Rivail perguntou:

– Poderíeis dizer-me quem é ele?
– Podes perguntar-lhe a ele mesmo, pois que está aqui.
– Meu espírito familiar, quem quer que tu sejas, agradeço-te o me teres vindo visitar. Consentirás em dizer-me quem és?
– Para ti, chamar-me-ei A Verdade e todos os meses, aqui, durante um quarto de hora, estarei à tua disposição.
– Ontem, quando bateste, estando eu a trabalhar, tinhas alguma coisa de particular a dizer-me?
– O que eu tinha a dizer-te era sobre o trabalho a que te aplicavas; desagradava-me o que escrevias e quis fazer com que o abandonasses.

O diálogo prosseguiu por mais algum tempo, entrando em detalhes na localização das faltas graves que o professor Rivail havia cometido ao escrever sobre os espíritos e as suas manifestações. Além disso, o professor Rivail tentou identificar melhor o seu guia espiritual e saber sobre a proteção e a ajuda que lhe seria dada.

Depois disso, regressando ao seu lar, o professor Rivail foi reler, apressadamente, o que havia escrito. Qual seria o erro que havia cometido, a ponto de incomodar tanto o seu espírito familiar?

De fato, bastou ler algumas linhas do capítulo que estava escrevendo para deparar-se, na trigésima linha do texto, com o erro grave que havia cometido. Além disso, percebeu ainda alguns defeitos na redação. Isso o deixou perplexo, pois era impossível que alguém soubesse algo sobre o trabalho que vinha fazendo. Então, decidiu refazer todo o texto.

Essa ocorrência inesperada e inusitada mostrou ao professor Rivail que ele vinha sendo acompanhado por seu guia espiritual. O seu trabalho estava sendo secretamente fiscalizado. E, com essa manifestação, ele, agora, saberia a quem recorrer para solucionar os problemas na elaboração do livro que pretendia publicar, contendo os ensinos dos espíritos.

Mas logo o professor Rivail descobriu que ele não tinha esse espírito ao seu inteiro dispor; que ele não estava isento de trabalhar por sua própria conta. A responsabilidade sobre a tarefa assumida era sua e ele não podia recorrer ao auxílio desse espírito por qualquer motivo ou dificuldade encontrada.

Mas, ao longo de seus trabalhos, a ajuda e a proteção se manifestaram tão ostensivamente, que, bem mais tarde, o professor Rivail escreveu o seguinte a respeito desse espírito superior:

> A proteção desse espírito, cuja superioridade eu então estava longe de imaginar, jamais, de fato, me faltou. A sua solicitude e a dos bons espíritos que agiam sob suas ordens, se manifestou em todas as circunstâncias da minha vida, quer a me remover dificuldades materiais, quer a me facilitar a execução dos meus trabalhos, quer, enfim, a me preservar dos efeitos da malignidade dos meus antagonistas, que foram sempre reduzidos à impotência. Se as tribulações inerentes à missão que me cumpria desempenhar não me puderam ser evitadas, foram sempre suavizadas e largamente compensadas por muitas satisfações morais gratíssimas.

BIBLIOGRAFIA
KARDEC, Allan. *Obras Póstumas*. Segunda parte:
A minha primeira iniciação no espiritismo; Meu espírito protetor;
Meu guia espiritual; Primeira revelação da minha missão; Minha missão.

9

A MÉDIUM SENHORITA JAPHET

Paris. Abril de 1856.

O professor Rivail passou a frequentar, além das sessões na casa do senhor Baudin, as reuniões espíritas realizadas na casa do senhor Roustan.

Nessas reuniões muito sérias e realizadas em perfeita ordem, conheceu a extraordinária médium senhorita Japhet, através da qual entrou em contato com muitos espíritos.

Aproveitando essa oportunidade surgida, decidiu submeter a eles o exame das questões mais complexas que já faziam parte do seu trabalho, o qual, paulatinamente, assumia as proporções de um livro.

Mas os espíritos superaram novamente as suas expectativas: recomendaram que ele procedesse a uma revisão completa do seu trabalho, em reuniões particulares, tendo como médium a senhorita Japhet.

Para isso, foram marcadas reuniões particulares, em dias certos, com essa finalidade específica. Dessa forma, o trabalho de revisão poderia ser realizado com calma, evitando, inclusive, as indiscrições e os comentários prematuros das pessoas que frequentavam as reuniões abertas.

Em 30 de abril de 1856, o professor Rivail teve uma surpresa: foi lhe dada, pela primeira vez, através da mediunidade da senhorita Japhet, a notícia de que tinha uma missão espiritual a cumprir.

Um espírito manifestou-se espontaneamente e escreveu as seguintes palavras, destinando-as, no final, especificamente ao professor:

> Deixará de haver religião e uma se fará necessária, mas verdadeira, grande, bela e digna do Criador... Seus primeiros alicerces já foram colocados... Quanto a ti, Rivail, a tua missão é aí.

Nesse instante, a cesta que a médium usava para escrever mediunicamente voltou-se rapidamente para o lado do professor Rivail, como se alguém invisível lhe apontasse o dedo.

O choque emocional foi forte e inevitável, a ponto de, mais tarde, o professor Rivail ter escrito o seguinte:

> Foi essa a primeira revelação positiva da minha missão e confesso que, quando vi a cesta voltar-se bruscamente para o meu lado e designar-me nominativamente, não me pude furtar a certa emoção.

Em reunião no dia 7 de maio de 1856, em que a senhorita Japhet atuava como médium, o professor Rivail aproveitou-se da manifestação do espírito Hahnemann, para questioná-lo acerca da missão que lhe havia sido atribuída:

> – Outro dia, disseram-me os espíritos que eu tinha uma importante missão a cumprir e me indicaram o seu objetivo. Desejaria saber se confirmas isso.
>
> – Sim e, se observares as tuas aspirações e tendências e o objeto quase constante das tuas meditações, não te surpreenderás com o que te foi dito. Tens que cumprir aquilo com que sonhas desde longo tempo. É preciso que nisso trabalhes ativamente, para estares pronto, pois mais próximo do que pensas vem o dia.

Com esse mesmo assunto em mente, o professor Rivail decidiu, no dia 12 de junho de 1856, numa reunião na casa do senhor C..., tendo como médium a senhorita Aline, perguntar ao espírito A Verdade, o que ele pensava a respeito da missão que alguns espíritos lhe haviam atribuído.

A resposta foi concludente:

> Confirmo o que te foi dito, mas recomendo-te muita discrição, se quiseres sair-te bem. Tomarás mais tarde conhecimento de coisas que te explicarão o que ora te surpreende. Não esqueças que podes triunfar, como podes falir. Neste último caso, outro te substituiria, porquanto os desígnios de Deus não assentam na cabeça de um homem.
>
> Nunca, pois, fales da tua missão; seria a maneira de a fazeres malograr-se. Ela somente pode justificar-se pela obra realizada e tu ainda nada fizeste. Se a cumprires, os homens saberão reconhecê-lo, cedo ou tarde, visto que pelos frutos é que se verifica a qualidade da árvore.

A nossa assistência não te faltará, mas será inútil se, de teu lado, não fizeres o que for necessário. Tens o teu livre-arbítrio, do qual podes usar como entenderes. Nenhum homem é constrangido a fazer coisa alguma.

A missão dos reformadores é prenhe de escolhos e perigos. Previno-te de que é rude a tua, porquanto se trata de abalar e transformar o mundo inteiro. Não suponhas que te baste publicar um livro, dois livros, dez livros, para em seguida ficares tranquilamente em casa. Tens que expor a tua pessoa. Suscitarás contra ti ódios terríveis; inimigos encarniçados se conjurarão para tua perda; ver-te-ás a braços com a malevolência, com a calúnia, com a traição mesma dos que te parecerão os mais dedicados; as tuas melhores instruções serão desprezadas e falseadas; por mais de uma vez sucumbirás sob o peso da fadiga; numa palavra: terás de sustentar uma luta quase contínua, com sacrifício de teu repouso, da tua tranquilidade, da tua saúde e até da tua vida, pois, sem isso, viverias muito mais tempo. Ora bem! não poucos recuam quando, em vez de uma estrada florida, só veem sob os passos urzes, pedras agudas e serpentes. Para tais missões, não basta a inteligência. Faz-se mister, primeiramente, para agradar a Deus, humildade, modéstia e desinteresse, visto que Ele abate os orgulhosos, os presunçosos e os ambiciosos. Para lutar contra os homens, são indispensáveis coragem, perseverança e inabalável firmeza. Também são de necessidade prudência e tato, a fim de conduzir as coisas de modo conveniente e não lhes comprometer o êxito com palavras ou medidas intempestivas. Exigem-se, por fim, devotamento, abnegação e disposição a todos os sacrifícios.

Vês, assim, que a tua missão está subordinada a condições que dependem de ti.

Espírito Verdade

Ante essas palavras comovedoras e esses conselhos tão surpreendentes, sábios e profundos, o professor Rivail, modestamente, agradeceu os conselhos recebidos e rogou a Deus forças físicas e morais para que pudesse cumprir essa missão tão grande ante as suas forças consideradas pequenas. Pediu, ainda, amparo nos momentos difíceis e o auxílio dos celestes mensageiros para que pudesse corresponder aos desígnios divinos.

BIBLIOGRAFIA
KARDEC, Allan. *Obras Póstumas*. Segunda parte:
A minha primeira iniciação no espiritismo; Meu espírito protetor;
Meu guia espiritual; Primeira revelação da minha missão; Minha missão.

10

ELABORAÇÃO DE *O LIVRO DOS ESPÍRITOS*

O professor Rivail, com os trabalhos inéditos que vinha desenvolvendo no campo das comunicações com os espíritos e da consolidação dos seus ensinos, teve a oportunidade de entrar em contato com muitos médiuns.

Então, graças a esses médiuns, pôde apresentar aos espíritos diversas questões que julgava espinhosas, pedindo a eles esclarecimentos, complementações e desenvolvimentos oportunos.

Foi assim que ele teve a oportunidade de trabalhar e de contar com o concurso de mais de uma dezena de médiuns, o que concorreu para o indispensável engrandecimento do seu trabalho.

Dessa maneira, viu as instruções dos espíritos se multiplicarem, oferecendo-lhe o material farto que precisava para comparar instruções, fundir respostas, coordenar e classificar os assuntos e melhorar incessantemente o livro que estava em fase acelerada de elaboração.

A sua meta era que o livro, contendo a doutrina dos espíritos, estivesse concluído até o final daquele ano de 1856.

Por essa razão, o professor Rivail cuidava aceleradamente de ampliar, rever e finalizar a sua obra espírita. O trabalho era árduo e exigia persistência e dedicação; mas, não lhe faltavam nem a participação ativa, nem a assistência dos espíritos superiores, nem a participação voluntária de diversos médiuns.

Todo esse esforço foi reconhecido em bom caminho, em 11 de setembro de 1856, quando o professor Rivail recebeu a seguinte comunicação dos espíritos, numa sessão na casa do senhor Baudin, tendo como médium a senhorita Baudin:

Compreendeste bem o objetivo do teu trabalho. O plano está bem concebido. Estamos satisfeitos contigo. Continua; mas, lembra-te, sobretudo quando a obra se achar concluída, de que te recomendamos que a mandes imprimir e propagar. É de utilidade geral. Estamos satisfeitos e nunca te abandonaremos. Crê em Deus e avante.

Muitos espíritos

BIBLIOGRAFIA
KARDEC, Allan. *Obras Póstumas*. Segunda parte:
A minha primeira iniciação no espiritismo; Meu espírito protetor;
Meu guia espiritual; Primeira revelação da minha missão; Minha missão.

11

PUBLICAÇÃO DE *O LIVRO DOS ESPÍRITOS*

O professor Rivail havia enviado *O Livro dos Espíritos* para ser publicado pelo editor E. Dentu, estabelecido em Paris, no Palais Royal, Galérie d'Orléans, 13.

Então, no dia 17 de janeiro de 1857, recebeu do espírito Zéfiro, na casa do senhor Baudin, tendo como médium a senhorita Baudin, os seguintes conselhos muito sábios e ponderados:

> Eu queria, primeiramente, falar-te da tua obra, a que mandaste imprimir. (*O Livro dos Espíritos* entrara para o prelo.) Não te afadigues tanto, da manhã à noite; passarás melhor e a obra nada perderá por esperar.
>
> Segundo o que vejo, és muito capaz de levar a bom termo a tua empresa e tens que fazer grandes coisas. Nada, porém, de exagero em coisa alguma. Observa e aprecia tudo judiciosa e friamente. Não te deixes arrastar pelos entusiastas, nem pelos muito apressados. Mede todos os teus passos, a fim de chegares ao fim com segurança. Não creias em mais do que aquilo que vejas; não desvies a atenção de tudo o que te pareça incompreensível; virás a saber a respeito mais do que qualquer outro, porque os assuntos de estudo serão postos sob as tuas vistas.
>
> Mas, ah! A verdade não será conhecida de todos, nem crida, senão daqui a muito tempo! Nessa existência não verás mais do que a aurora do êxito da tua obra. Terás que voltar, reencarnado noutro corpo, para completar o que houveres começado e, então, dada te será a satisfação de ver em plena frutificação a semente que houveres espalhado pela Terra.
>
> Surgirão invejosos e ciosos que procurarão infamar-te e fazer-te oposição: não desanimes; não te preocupes com o que digam ou façam contra ti; prossegue em tua obra; trabalha sempre pelo progresso da Humanidade, que serás amparado pelos bons espíritos, enquanto perseverares no bom caminho".

O LANÇAMENTO DE *O LIVRO DOS ESPÍRITOS*

Em 18 de abril de 1857, foi lançada, enfim, em Paris, a primeira edição de *O Livro dos Espíritos*, contendo os princípios da doutrina espírita acerca: da natureza, manifestação e relações dos espíritos com os homens; das leis morais; da vida presente; da vida futura e do porvir da Humanidade. Tudo seguindo estritamente os ensinos e a ordem dos espíritos superiores.

O PSEUDÔNIMO ADOTADO PELO PROFESSOR RIVAIL

Para a publicação desse livro, o professor Rivail adotou o pseudônimo de Allan Kardec, pois tinha a preocupação em não criar uma relação direta com as suas outras obras, que já estavam disponíveis no mercado.

Além do mais, *O Livro dos Espíritos* havia sido elaborado em conjunto com os espíritos superiores, graças à participação de diversos médiuns. Não era justo, portanto, estabelecer qualquer relação desse novo livro com os seus inúmeros trabalhos anteriores, publicados nos campos da aritmética, gramática, ciências e educação.

A escolha do nome Allan Kardec deveu-se a uma revelação feita pelo espírito Zéfiro, na qual afirmara que esse era o nome que tivera quando ambos viveram juntos nas Gálias, no tempo dos druidas.

E para não deixar qualquer dúvida quanto a missão que havia recebido dos espíritos superiores, de publicar os seus ensinamentos, Allan Kardec apresentou nos "Prolegômenos" as seguintes palavras deles:

> Ocupa-te com zelo e perseverança do trabalho que estás empreendendo com a Nossa colaboração; este LIVRO é também o Nosso. Teremos de revê-lo juntos a fim de que não encerre nada que não seja a expressão de Nosso pensamento e do espírito VERDADE, sobretudo após finda a obra. Lembra-te que te ordenamos não só imprimi-la como propagá-la: Ela é um evento de utilidade mundial.
>
> Compreendeste bem tua missão; estamos contentes contigo. Agora, continua, pois não te deixaremos mais. Tem fé em Deus e avante, com inteira confiança!

Estaremos contigo todas as vezes que o pedires e tu estarás também às nossas ordens sempre que te chamarmos, pois o LIVRO feito é apenas parte da missão que te está confiada e já te foi revelada por um de nós.

Em o número de ensinamentos que te foram dados, existem alguns que tu deves guardar, contigo só, até nova ordem; nós é que te indicaremos quando a hora de publicá-los chegar; enquanto isso, medita-os, a fim de estares pronto quando te dermos o aviso.

Porás no frontal do LIVRO a cepa de vinha que para tal desenhamos, pois é o emblema da criação do homem por Deus; todos os princípios materiais que melhor podem representar a missão humana se nos deparam nele reunidos: o corpo é a cepa; a alma é o bago; o espírito, enfim, é o vinho. O homem é quem pelo trabalho distila o ESPÍRITO, pois já estás ciente de que não é senão pelo trabalho no CORPO que o ESPÍRITO adquire conhecimentos.

Não te deixes desencorajar pela crítica. Encontrarás, certo, contraditores encarniçados, sobretudo no meio dos interessados em abusos. Tu os terás mesmo entre os espíritos, pois aqueles não ainda completamente desmaterializados procurarão semear muita vez a dúvida, por malícia ou ignorância; nada obstante, segue sempre! Estamos em alerta para te suster, e o dia está perto em que o espírito VERDADE esplenderá por toda a parte.

A vaidade de certos homens que supõem saber tudo e pretendem tudo explicar a seu modo de ver fará surgirem opiniões dissidentes; mas todos aqueles que tiverem em mira o grande preceito de Jesus se confundirão em um só sentimento de amor ao bem e ficarão unidos por um só liame fraternal que abarcará um dia a Humanidade inteira; deixarão de lado as miseráveis disputas de palavras para se ocuparem dos princípios essenciais, pois a doutrina espírita, quanto ao fundo, será sempre uma só para todos os que receberem comunicações de espíritos superiores.

BIBLIOGRAFIA

ABREU, Canuto. *O Primeiro Livro dos Espíritos de Allan Kardec.*

KARDEC, Allan. *Obras Póstumas.* Segunda parte: Acontecimentos de 7 de maio e 12 de maio de 1856; *O Livro dos Espíritos* em 10 de junho, 17 de junho e 11 de setembro de 1856; Primeira notícia de uma nova encarnação.

WANTUIL, Zêus & THIESEN, Francisco. *Allan Kardec.* Vol. I: Meticulosa pesquisa biobibliográfica.

12

A DOUTRINA DOS ESPÍRITOS

A grandiosa doutrina contida em *O Livro dos Espíritos* resultou das respostas que os espíritos superiores deram às perguntas que Allan Kardec lhes formulou, podendo ser resumida nos seguintes pontos:

DEUS: Nessa doutrina, Deus está acima de todas as coisas. Ele é a inteligência suprema, a causa primeira de todas as coisas; o ser eterno, imutável, imaterial, único, todo-poderoso, soberanamente justo e bom; o criador do Universo, que abrange o mundo corporal e o mundo dos espíritos.

ESPÍRITOS: Os espíritos são os seres inteligentes da obra de Deus, submetidos à vontade divina. Eles são criados por Deus simples e ignorantes, mas perfectíveis. Com a evolução intelectual e moral, por meio das inúmeras encarnações, se esclarecem e chegam progressivamente à perfeição espiritual. Assim, têm que deixar temporariamente o mundo dos espíritos, revestindo-se de um corpo material. Então, exercitam e desenvolvem as faculdades, se educam, adquirem experiências, distinguem o bem do mal e conquistam o progresso intelectual e moral.

REENCARNAÇÕES: Os espíritos são criados por Deus simples e sem conhecimentos, em épocas diferentes. Para evoluírem, precisam renascer no mundo corporal muitas vezes, progredindo intelectual e moralmente em busca da perfeição, que será atingida em mais ou menos tempo, de acordo com os seus esforços e as suas aspirações. Para atingirem a perfeição espiritual, os espíritos têm que passar por quantas encarnações forem necessárias, animando, muitas vezes, sexos diferentes e ocupando diversas posições, seja no planeta Terra ou em outros mundos habitados. As numerosas encarnações ou existências corporais visam sempre o aprimoramento progressivo dos espíritos. Aqueles que já progrediram mais do que outros, situam-se em classes mais elevadas, distinguindo-se pelo poder e pelo bom uso que fazem da inteligência, do saber e da moralidade.

HOMEM: O homem, nesse contexto, não passa, portanto, de um espírito encarnado. Ele tem uma tríplice composição: 1) alma ou espírito encarnado; 2) corpo material, com os órgãos que permitem a manifestação da alma; 3) liame ou intermediário sutil, imponderável e semimaterial, denominado de perispírito, que une a alma ao corpo material. Mas, no homem, a alma é a parte mais importante, por possuir todas as faculdades.

CLASSIFICAÇÃO DOS ESPÍRITOS: Os espíritos, de um modo geral, estão classificados em três grandes ordens, em função do grau de desenvolvimento intelectual e moral que já atingiram: 1) espíritos puros, por já terem chegado à perfeição espiritual; 2) espíritos bons, por terem a preocupação de fazer o bem; 3) espíritos imperfeitos, por não terem ainda conseguido se livrar da ignorância, do orgulho, do egoísmo e das paixões inferiores que os fazem sofrer.

DEMÔNIOS: Os espíritos denominados de demônios não são seres voltados eternamente à prática do mal. Eles são espíritos perfectíveis, como os demais, criados por Deus da mesma forma que todos os outros e detentores do livre-arbítrio. Por ignorância das leis divinas, praticam o mal, mas estão sujeitos à lei de causa e efeito, que os impele ao sofrimento, à expiação, à regeneração e à evolução pelos conhecimentos e pelas experiências que vão adquirindo. Assim, vencem paulatinamente as más tendências e galgam posições na hierarquia espírita até atingirem a meta, que é a perfeição espiritual.

ANJOS: os anjos não são seres privilegiados na obra da Criação. Eles são espíritos que já acumularam conhecimentos e experiências, conquistaram a sabedoria e a pureza dos sentimentos e atingiram a perfeição. Eles já transitaram pelos diferentes graus da escala espírita, alcançando a angelitude pelos esforços próprios.

SONO E SONHOS: Quando os espíritos assumem um corpo material, pelas leis da reencarnação e da reprodução do corpo material, não perdem as suas qualidades intelectuais e morais já conquistadas, nem o contato com a vida espiritual e com os espíritos. Assim, recebem deles, pelo pensamento, influências, conselhos, inspirações, pressentimentos, amparo e ajuda, principalmente dos espíritos protetores. Além disso, durante o sono, a alma não fica inativa, pois as amarras que a prendem ao corpo material se relaxam, recuperando em parte a liberdade de entrar em relação com a vida espiritual e com os espíritos. Os sonhos, nesse contexto, são, geralmente, a recordação imprecisa e incompleta do uso que fizeram da liberdade parcial que desfrutaram durante o sono. Os sonhos, de modo vago, retratam as lembranças das atividades, dos acontecimentos passados, das previsões do futuro e das relações e comunicações que mantiveram com os espíritos.

PATERNIDADE E MATERNIDADE: Em função da reencarnação do espírito, os pais transmitem aos filhos apenas a vida orgânica. A alma dos filhos é um espírito encarnado, que se encontra em um determinado grau de evolução intelectual e moral. Porém, os pais têm a missão de desenvolver o espírito dos filhos pela educação e transformá-lo em um homem de bem, pela aquisição e prática da sabedoria e do amor.

MORTE: A morte do corpo material liberta o espírito encarnado permitindo o seu retorno ao mundo dos espíritos, de onde havia saído para se melhorar. De volta à vida espiritual, conserva a sua individualidade e as suas faculdades, reencontra-se com aqueles que conheceu na Terra e recorda-se de todos os atos de sua vida material e das suas existências anteriores. Além disso, reúne-se aos espíritos com os quais tem analogia de sentimentos e desejos; mantém ocupações de acordo com as suas boas ou más tendências; locomove-se de um lugar a outro, podendo, inclusive estar ao lado dos homens para os observar, influenciar e aconselhar.

COMUNICAÇÕES DOS ESPÍRITOS COM OS HOMENS: Dessa forma, são constantes as comunicações que os espíritos mantêm com os homens. Elas podem ser ocultas ou ostensivas, espontâneas ou sob evocação. As comunicações inteligentes dos espíritos processam--se através da escrita e da fala, servindo-se dos médiuns. Assim, podem transmitir conselhos, fazer descrições detalhadas da vida no além-túmulo e ditar revelações que levam ao entendimento das vidas material e espiritual.

LINGUAGEM DOS ESPÍRITOS: O grau de elevação intelectual e moral dos espíritos que se comunicam com os homens está sempre retratado na linguagem que usam. Os espíritos superiores são identificados facilmente pelo uso de uma linguagem digna, nobre, isenta de contradições e cheia da mais alta moralidade e de conselhos sábios.

LEIS DIVINAS: Para apressar a sua jornada evolutiva rumo à perfeição espiritual, o espírito encarnado está sujeito ao cumprimento, com grandeza intelectual e moral, das seguintes leis divinas: lei de adoração a Deus, por meio da prece e da prática das boas ações; lei do trabalho, pela qual se torna útil ao próximo, satisfaz as suas necessidades, desenvolve a inteligência e a moral e faz o planeta progredir; lei da reprodução, pautada no respeito e na afeição mútua entre os cônjuges; lei da conservação das forças físicas e da saúde do corpo material; lei da destruição, que transforma, renova, regenera e aprimora todas as coisas; lei da vida em sociedade, pautada na ajuda mútua, no respeito aos semelhantes, na melhoria das condições sociais e na conquista do progresso e do bem-estar; lei do progresso intelectual e moral; lei de igualdade perante as leis de Deus; lei de liberdade de pensamento, consciência e crenças pautadas na prática do bem e no respeito aos direitos alheios; lei de justiça, amor e caridade, praticada pela observância do seguinte ensino de Jesus: **"Fazer aos outros o que queremos que os outros façam a nós mesmos"**.

Observando essas leis divinas com sabedoria e amor, o espírito encarnado se aproxima mais rapidamente da perfeição; ameniza as provações e expiações terrenas; conquista as venturas terrenas; e prepara para si mesmo uma boa situação na vida futura, pelos bons atos praticados na vida terrena.

BIBLIOGRAFIA
ABREU, Canuto. *O Primeiro Livro dos Espíritos de Allan Kardec.*

13

SUCESSO DE *O LIVRO DOS ESPÍRITOS* E A PUBLICAÇÃO DA *REVISTA ESPÍRITA*

Foi pleno o êxito alcançado com o lançamento de *O Livro dos Espíritos*. Houve grande aceitação, por parte do público, da doutrina dos espíritos, desencadeando repercussões favoráveis principalmente na França, por meio do *Courrier de Paris*, no resto da Europa e nas Américas.

Surgiram elogios a essa obra em várias partes do mundo, chamando a atenção de jornalistas, despertando a atenção de homens sérios e estimulando o estudo e a propagação da doutrina espírita em todas as classes sociais.

Nos grandes centros urbanos, a discussão dos princípios espíritas tornou-se moda, aumentando a procura pelo livro e o interesse em conhecer o espiritismo. Isso levou a um rápido esgotamento da primeira edição de *O Livro dos Espíritos*.

Então, a preocupação de Allan Kardec se concentrou em tornar bastante conhecida a forma de obtenção das respostas dadas pelos espíritos:

> Tudo foi obtido pela escrita, por intermédio de diversos médiuns psicógrafos. Nós mesmos preparamos as perguntas e coordenamos o conjunto da obra; as respostas são, textualmente, as que nos deram os espíritos; a maior parte delas foram escritas sob nossas vistas, outras foram tiradas de comunicações que nos foram remetidas por correspondentes ou que colhemos aqui e ali, onde estivemos fazendo estudos. Parece que, para isso, os espíritos multiplicam aos nossos olhos os motivos de observação.
>
> Os primeiros médiuns que concorreram para o nosso trabalho foram as senhoritas B..., cuja boa vontade jamais nos faltou. O livro foi quase todo escrito por intermédio delas e em presença de numeroso

público que assistia às sessões, nas quais tinham o mais vivo interesse. Mais tarde os espíritos recomendaram uma revisão completa em sessões particulares, tendo-se feito, então, todas as adições e correções julgadas necessárias. Esta parte essencial do trabalho foi feita com o concurso da senhorita Japhet, a qual se prestou com a melhor boa vontade e o mais completo desinteresse a todas as exigências dos espíritos, porque eram eles que marcavam dia e hora para suas lições. O desinteresse não seria aqui um mérito especial, desde que os espíritos reprovam qualquer tráfico que se possa fazer da sua presença; a senhorita Japhet, que é também uma notável sonâmbula, tinha seu tempo utilmente empregado: mas compreendeu que também lhe daria uma aplicação proveitosa ao se consagrar à propagação da doutrina.

Quanto a nós, já declaramos desde o princípio, e temos a satisfação de o reafirmar agora, jamais pensamos em fazer de *O Livro dos Espíritos* objeto de especulação: seu produto será aplicado a coisas de utilidade geral. Por isso seremos sempre gratos aos que, de coração e por amor ao bem, se associarem à obra a que nos consagramos.

Allan Kardec

Atendida essa preocupação, Allan Kardec estava empenhado em publicar um novo livro tratando especificamente, de um modo prático, dos cuidados que devem ser tomados para se estabelecer comunicações proveitosas com os espíritos.

Adicionalmente, teve a ideia de ser o pioneiro no lançamento de uma revista espírita. Esta serviria de meio de comunicação com o público, de propagação das ideias espíritas, de esclarecimento dos princípios da doutrina dos espíritos e de detalhamento das partes experimental e filosófica do espiritismo.

Então, em 15 de novembro de 1857, decidiu consultar os espíritos a respeito dessa sua nova ideia. Para isto, aproveitou-se da oportunidade surgida em uma sessão realizada na casa do senhor Dufaux, tendo como médium a senhora E. Dufaux.

Os espíritos foram muito incentivadores: disseram-lhe que a ideia era muito boa; mas lhe recomendaram ação, perseverança, cautela, atendimento da curiosidade do público, abordagem agradável aos assuntos para deleite do vulgo e seleção de assuntos sérios e instrutivos para atrair os homens de ciência. Além disso, deveria apresentar variedade nos assuntos, evitando cair na monotonia.

Tendo posto mãos à obra com seu espírito empreendedor, Allan Kardec lançou, em janeiro de 1858, o primeiro número da **Revista Espírita**:

• Citando a rápida propagação, em todas as partes do mundo, das manifestações físicas e inteligentes dos espíritos, o que despertava a atenção de homens sérios;

• Mencionando o surgimento natural de alguns médiuns entre membros de muitas famílias;

• Salientando a importância da revista para pôr o público a par do progresso da ciência espírita e de seu aspecto moral, que levava à prática do bem e da caridade evangélica;

• Destacando a importância de se fazer um exame raciocinado e de se buscar, pela dedução lógica dos fatos espíritas, a confirmação dos princípios gerais da doutrina;

• Recordando que as manifestações dos espíritos sempre ocorreram nas mais diversas épocas da Humanidade, mas que naquela oportunidade permitiam que ensinamentos morais e evangélicos fossem extraídos das suas comunicações escritas ou verbais;

• Mostrando os resultados interessantes e valiosos que as evocações dos espíritos podiam produzir;

• Demonstrando que os espíritos podiam realizar trabalho literário de fôlego, através de um médium, pois haviam ditado uma obra completa, contendo uma infinidade de detalhes pouco ou nada conhecidos sobre a vida da heroína Joana D'Arc, à médium senhorita Ermance Dufaux, que tinha apenas quatorze anos de idade;

• Reafirmando a importância de se estudar com seriedade a natureza dos espíritos, pois a alma do homem um dia voltará à vida espiritual.

Mais tarde, o próprio Allan Kardec escreveu o seguinte a respeito do sucesso alcançado pela *Revista Espírita:*

> Apressei-me a redigir o primeiro número e fi-lo circular a 1° de janeiro de 1858, sem haver dito nada a quem quer que fosse. Não tinha um único assinante e nenhum fornecedor de fundos. Publiquei-o correndo eu, exclusivamente, todos os riscos e não tive de que me arrepender, porquanto o resultado ultrapassou a minha expectativa. A partir daquela data, os números se sucederam sem interrupção e, como previa o espírito, esse jornal se tornou um poderoso auxiliar meu. Reconheci mais tarde que fora para mim uma felicidade não ter tido quem me fornecesse fundos, pois assim me conservara mais livre, ao passo que outro interessado houvera querido talvez impor-me suas ideias e sua vontade e criar-me embaraços. Sozinho, eu não tinha que prestar contas a ninguém, embora, pelo que respeitava ao trabalho, me fosse pesada a tarefa.

No final do ano de 1858, Allan Kardec, com a consciência do dever cumprido para com a doutrina, redigiu, na última página da *Revista Espírita* de dezembro, palavras animadoras aos seus leitores, afirmando que:

• Se sentia feliz em anunciar que a existência da publicação estava assegurada pelo número expressivo de assinantes, que aumentava dia a dia;

• Agradecia os testemunhos de simpatia que havia recebido;

• O espiritismo marchava a passos gigantescos pelo mundo inteiro, pois falava ao raciocínio e à razão e pregava o amor e a benevolência com a sua doutrina filosófica;

• A doutrina, por ser uma ciência, uma filosofia e uma nova ordem de ideias, com os progressos já experimentados, caminhava para entrar numa nova fase mais grandiosa e ainda mais sublime.

BIBLIOGRAFIA

KARDEC, Allan. *Obras Póstumas*. Segunda parte: A *Revista Espírita*, em 15 de novembro de 1857.

KARDEC, Allan. *Revista Espírita – Jornal de Estudos Psicológicos*. Vol. 1858.

WANTUIL, Zêus & THIESEN, Francisco. *Allan Kardec*. Vol. III: Pesquisa biobibliográfica e ensaios de interpretação. Capítulo 1: A *Revue Spirite (Journal d'Études Psychologiques)*.

14

FUNDAÇÃO DA SOCIEDADE PARISIENSE DE ESTUDOS ESPÍRITAS

No dia 1° de abril de 1858, ocorreu a fundação da Sociedade Parisiense de Estudos Espíritas, que se tornou a primeira instituição espírita regularmente constituída. Sua finalidade era realizar a parte experimental e cuidar do desenvolvimento do espiritismo em seus diversos aspectos, pelo estudo e pela análise criteriosa das comunicações dos espíritos.

Allan Kardec apresentou as seguintes razões para a constituição dessa sociedade:

> Havia cerca de seis meses, eu realizava, em minha casa, à rua dos Mártires, uma reunião com alguns adeptos, às terças-feiras. A senhorita E. Dufaux era o médium principal. Conquanto o local não comportasse mais de 15 ou 20 pessoas, até 30 lá se juntavam às vezes. Apresentavam grande interesse tais reuniões, pelo caráter sério de que se revestiam e pelas questões que ali se tratavam. Lá não raro compareciam príncipes estrangeiros e outras personagens de alta distinção.
>
> Nada cômoda pela sua disposição, a sala, onde nos reuníamos se tornou em breve muito acanhada. Alguns dos frequentadores deliberaram cotizar-se para alugar uma que mais conviesse. Mas, então, fazia-se necessária uma autorização legal, a fim de se evitar que a autoridade nos fosse perturbar. O senhor Dufaux, que se dava pessoalmente com o prefeito de polícia, encarregou-se de tratar do caso. A autorização também dependia do Ministério do Interior. Coube então ao general X..., que era, sem que ninguém o soubesse, simpático às nossas ideias, embora sem as conhecer inteiramente, obter a autorização. Esta, graças à sua influência, pôde ser concedida em quinze dias, quando, de ordinário, leva três meses para ser dada.

Em maio de 1858, por meio da *Revista Espírita*, Allan Kardec comunicou ao público, com as seguintes palavras, a existência dessa sociedade:

> A extensão, por assim dizer universal, que tomam, diariamente, as crenças espíritas, fazia desejar-se vivamente a criação de um centro regular de observações. Esta lacuna acaba de ser preenchida. A sociedade cuja formação temos o prazer de anunciar, composta exclusivamente de pessoas sérias, isentas de prevenções e animadas do sincero desejo de esclarecimento, contou, desde o início, entre os seus associados, com homens eminentes por seu saber e por sua posição social.
>
> Estamos convictos de que ela é chamada a prestar incontestáveis serviços à constatação da verdade. Sua lei orgânica lhe assegura uma homogeneidade sem a qual não haverá vitalidade possível; está baseada na experiência dos homens e das coisas e no conhecimento das condições necessárias às observações que são o objeto de suas pesquisas.
>
> Vindo a Paris, os estranhos que se interessam pela doutrina espírita encontrarão, assim, um centro ao qual poderão dirigir-se para obter informações e onde poderão também comunicar suas próprias observações. Para informações relativas à Sociedade, dirigir-se ao senhor Allan Kardec, rue Sainte-Anne, nº 59, das 3 às 5 horas; ou ao senhor Ledoyen, livreiro, Galeria d'Orléans, nº 31, no Palais-Royal.
>
> Allan Kardec

Mas as tarefas de Allan Kardec, como presidente dessa sociedade, não foram sempre fáceis. Ele, algumas vezes, deparou-se com fatos inesperados e com percalços a vencer:

> Formada a princípio de elementos pouco homogêneos e de pessoas de boa vontade, que eram aceitas com facilidade um tanto excessiva, a Sociedade se viu sujeita a muitas vicissitudes, que não foram dos menores percalços da minha tarefa.

BIBLIOGRAFIA

KARDEC, Allan. *Obras Póstumas*. Segunda parte: Fundação da Sociedade Espírita de Paris.

KARDEC, Allan. *Revista Espírita – Jornal de Estudos Psicológicos*. Vol. 1858.

WANTUIL, Zêus & THIESEN, Francisco. *Allan Kardec*. Vol. III: Pesquisa biobibliográfica e ensaios de interpretação. Capítulo 1: Société Parisienne des Études Spirites.

15

PUBLICAÇÃO DO LIVRO
INSTRUÇÕES PRÁTICAS

Allan Kardec, com muita dedicação ao trabalho, lançou, ainda no primeiro semestre de 1858, sua segunda obra espírita: o livro ***Instruções Práticas sobre as Manifestações Espíritas***, contendo orientações para o emprego seguro da mediunidade e para a obtenção de comunicações sérias e instrutivas dos espíritos.

A publicação desse livro visou, ainda, o desenvolvimento da parte prática ou experimental da doutrina espírita. Para isso, continha instruções oportunas para aqueles que se julgassem em condições de observar os fenômenos espíritas, após terem tomado conhecimento do conteúdo de *O Livro dos Espíritos* e dos artigos veiculados na *Revista Espírita*.

Allan Kardec, nessa obra, ressaltou que:

• Os espíritos que se manifestam ou se comunicam, através dos diferentes tipos de médiuns, situam-se em diversas categorias na escala espírita, a qual contempla suas características e qualidades intelectuais e morais;

• A linguagem nobre ou vulgar que o espírito usa em suas comunicações inteligentes revela sua superioridade ou sua inferioridade;

• As boas qualidades morais do médium atraem os bons espíritos, que se identificam, simpatizam-se e estabelecem afinidades com ele;

• Os espíritos imperfeitos influenciam os médiuns imperfeitos, criando afinidades de propósitos;

• Os espíritos superiores manifestam-se nas reuniões sérias, em que os homens possuem sentimentos puros e elevados, querem se instruir e têm a intenção de fazer o bem;

• Por isso, as reuniões espíritas devem ser feitas com seriedade, recolhimento e regularidade, tendo as pessoas bons sentimentos e pensamentos e sendo vinculadas ao bem;

• Os espíritos de todas as ordens podem ser evocados; mas eles só atendem a evocação se quiserem, se não estiverem ocupados com suas missões ou se tiverem permissão superior para isso;

• As palavras dirigidas aos espíritos devem ser de respeito, elevação moral, sinceridade e estar pautadas em bons pensamentos, sentimentos e intenções;

• O charlatanismo e o embuste estão relacionados com os médiuns pagos por consulta;

• As comunicações dos espíritos possibilitam o conhecimento da situação deles na vida espiritual;

• Os bons espíritos estimulam, com suas lições, o fortalecimento da fé e da esperança, a convicção do bem e a prática das virtudes.

BIBLIOGRAFIA

KARDEC, Allan. *Instruções Práticas sobre as Manifestações Espíritas.*

KARDEC, Allan. *Revista Espírita – Jornal de Estudos Psicológicos.* Vol. 1858.

WANTUIL, Zêus & THIESEN, Francisco. *Allan Kardec.* Vol. III: Pesquisa biobibliográfica e ensaios de interpretação. Capítulo 1: O pentateuco; Outros livros; As obras espíritas de Allan Kardec.

16

DEFESA DA REENCARNAÇÃO DO ESPÍRITO

O princípio da reencarnação ou da pluralidade das existências materiais vinha enfrentando objeção, contestação e tendo dificuldade de aceitação por parte de alguns estudiosos da doutrina dos espíritos. Além disso, vinha sendo combatido pelos adversários do espiritismo.

Então, Allan Kardec abordou, em minúcias, esse princípio espírita, apresentando os seguintes argumentos em favor da reencarnação, pela sua importância no contexto da doutrina:

Os espíritos repelem de modo absoluto a transmigração do homem nos animais e vice-versa.

Quando a doutrina da reencarnação nos foi ensinada pelos espíritos, ela estava tão longe de nosso pensamento, que havíamos construído um sistema completamente diferente sobre os antecedentes da alma, sistema aliás partilhado por muitas pessoas. Sobre este ponto, a doutrina dos espíritos nos surpreendeu; diremos mais: ela nos contrariou, porque derrubou as nossas próprias ideias. Como se vê, estava longe de ser um reflexo destas. E não é tudo; nós não cedemos ao primeiro choque. Combatemos, defendemos a nossa opinião, levantamos objeções e só nos rendemos ante a evidência e quando notamos a insuficiência de nossos sistemas para resolver todas as questões levantadas por esta matéria.

Não somente a nós é ensinada a pluralidade das existências; foi ventilada em muitos lugares, tanto na França quanto no estrangeiro: na Alemanha, na Holanda, na Rússia etc., e isto mesmo antes da publicação de *O Livro dos Espíritos*. Acrescentemos ainda que, desde que nos entregamos ao espiritismo, temos tido comunicações de mais de cinquenta médiuns, escreventes, falantes, videntes etc., mais ou menos esclarecidos, de inteligência normal mais ou menos limitada, alguns até completamente iletrados e, consequentemente, estranhos inteiramente aos assuntos filosóficos e que, em nenhum caso, os espíritos se desmentiram sobre este ponto. O mesmo se dá em círculos que conhecemos, onde tal princípio é professado.

Ao nascer, os homens trazem a intuição daquilo que adquiriram; são mais ou menos adiantados, conforme o número de existências percorridas e conforme se achem mais ou menos afastados do ponto de partida; absolutamente como numa reunião de indivíduos de todas as idades, cada um terá um desenvolvimento proporcional ao número de anos que tiver vivido; as existências sucessivas serão para a vida da alma o que são os anos para a vida do corpo.

Aquilo que não se pôde fazer numa existência, far-se-á em outra. Assim, ninguém escapará à lei do progresso e todos serão recompensados segundo o mérito real, e ninguém será excluído da felicidade suprema a que pode aspirar, sejam quais forem os obstáculos encontrados em sua rota.

BIBLIOGRAFIA
KARDEC, Allan. *Revista Espírita – Jornal de Estudos Psicológicos*. Vol. 1858. Novembro de 1858.

17

INFLUÊNCIAS DOS ESPÍRITOS

Allan Kardec esclareceu também, da seguinte forma, as influências que os espíritos exercem sobre os homens, pois era uma questão que se estava tornando controversa no meio espírita:

• Os espíritos rodeiam-nos incessantemente;

• Eles, malgrado nosso, dirigem os nossos pensamentos e as nossas ações;

• Dessa forma, influem sobre os acontecimentos e sobre os destinos da Humanidade;

• Os espíritos, sendo seres reais, com existência própria, pensam e agem em virtude de seu livre-arbítrio;

• Os espíritos estão por toda parte, em volta de nós; povoam os espaços e se transportam com a rapidez do pensamento;

• Os espíritos, acompanhando a vida dos homens, podem vir ao nosso apelo, e, por certos meios, estabelecer comunicações frequentes conosco;

• Todos nós temos um espírito familiar, que se liga a nós desde o nascimento. É um bom espírito que guia, aconselha e protege;

• Além do espírito familiar, temos outros espíritos que se ligam a nós pela simpatia com as nossas qualidades ou os nossos defeitos, ou mesmo em virtude de antigas afeições terrenas;

• Os espíritos guiam-nos mediante conselhos diretos nas coisas da vida e o fazem de boa vontade;

• Os conselhos dos espíritos nos chegam pelos pensamentos que nos sugerem;

• Certas coisas que fazemos, cujo mérito levamos ao nosso crédito, não passam de inspiração que nos foi transmitida;

• Estamos rodeados de espíritos que nos influenciam num ou noutro sentido, mas temos sempre o nosso livre-arbítrio para nos guiar na escolha;

• Tornamo-nos felizes se preferirmos os conselhos dos bons espíritos;

• No mundo dos espíritos temos amigos que se interessam por nós. Eles são mais sinceros e mais devotados do que os amigos terrenos, pois não têm nenhum interesse em nos adular ou nos enganar;

• Além dos conselhos do nosso espírito protetor, contamos com os dos espíritos dos parentes ou das pessoas que nos foram afeiçoadas, pois nos querem bem por simpatia;

• Os espíritos que chamamos vêm de boa vontade e, mesmo quando não são chamados, estão ao nosso lado sem que suspeitemos da sua presença;

• A doutrina dos anjos da guarda, que velam por nós, apesar da distância que separa os mundos, nada tem de surpreendente; ela é, ao contrário, grandiosa e sublime.

BIBLIOGRAFIA
KARDEC, Allan. *Revista Espírita – Jornal de Estudos Psicológicos*.
Vol. 1859. Janeiro de 1859.

18

CONSELHOS AOS MÉDIUNS

Embora os médiuns já contassem com o livro *Instruções Práticas*, para lhes orientar os trabalhos mediúnicos, Allan Kardec decidiu oferecer-lhes os seguintes conselhos importantes, pelos papéis relevantes que desempenhavam nas reuniões espíritas:

• Todos são mais ou menos médiuns. Mas convencionou-se dar esse nome aos que apresentam manifestações patentes e, por assim dizer, facultativas;

• Nos médiuns, as aptidões são muito diversas: pode-se dizer que cada um tem a sua especialidade;

• Num primeiro exame, duas categorias se destacam nitidamente: os médiuns de efeitos físicos e os das comunicações inteligentes;

• Os médiuns que produzem comunicações inteligentes apresentam numerosa variedade. As principais são: os escreventes ou psicógrafos, os desenhistas, os falantes, os auditivos e os videntes. Os médiuns poetas, músicos e poliglotas constituem subclasses dos escreventes e falantes;

• Os espíritos superiores não escolhem, para transmitir instruções sérias, um médium que tenha familiaridade com espíritos levianos;

• Os espíritos superiores só se servem de médium moralmente imperfeito caso haja necessidade ou não encontrem, no momento, outros médiuns à disposição. Eles podem servir-se desse tipo de médium caso, ainda, queiram dar uma lição ao próprio médium, como por vezes acontece. Então, dele se servem só acidentalmente e o abandonam logo que encontrem um melhor, deixando-o entre as suas simpatias, se ele faz questão de conservá-las;

• As comunicações constantemente boas e elevadas, nas quais

não se nota nenhum indício de inferioridade, são incontestavelmente uma prova da superioridade moral do médium;

• As qualidades de linguagem, que caracterizam os homens realmente bons e superiores, são as mesmas para os espíritos. Assim, eles devem ser identificados pela linguagem que usam;

• O médium, além de julgar o conteúdo das comunicações recebidas pelo critério infalível do raciocínio, do bom-senso e da razão, deve expor tudo a uma terceira pessoa desinteressada, para que esta, julgando com calma e sem prevenção, possa ver "um argueiro onde o médium não via uma trave";

• De todas as disposições morais, a que maior entrada oferece aos espíritos imperfeitos é o orgulho, que é para os médiuns um escolho tanto mais perigoso quanto menos o reconhecem;

• O orgulho leva à crença cega na superioridade dos espíritos que se ligam a certos médiuns, porque se vangloriam de certos nomes que eles lhes impõem;

• Aos espíritos imperfeitos não basta dizer-lhes que se vão; nem mesmo basta querer, e ainda menos conjurá-los;

• É necessário fechar aos espíritos imperfeitos a porta e os ouvidos, provar-lhes que somos mais fortes. Isto ocorre, incontestavelmente, pelo amor do bem, pela caridade, pela doçura, pela simplicidade, pela modéstia e pelo desinteresse, qualidades que atraem o apoio e a benevolência dos bons espíritos;

• Os médiuns mecânicos e os intuitivos são igualmente bons, igualmente aptos para a recepção e transmissão de boas comunicações. A experiência ensina isso;

• Quem quiser comunicações sérias deve antes de tudo informar-se quanto à natureza das simpatias que o médium mantém com os seres de além-túmulo;

• As comunicações que são dadas pela ambição do lucro só podem inspirar uma confiança falsa e precária;

• A mediunidade é uma faculdade dada para o bem e os bons espíritos se afastam de quem quer que pretenda transformá-la em escada para alcançar algo que não corresponda aos desígnios da Providência;

• O mais absoluto desinteresse é a melhor garantia contra o charlatanismo, pois não há charlatães desinteressados.

BIBLIOGRAFIA

KARDEC, Allan. *Revista Espírita – Jornal de Estudos Psicológicos*. Vol. 1859. Fevereiro e março de 1859.

19

ASPECTO RELIGIOSO DO ESPIRITISMO

Outra questão que causava dúvida no meio espírita e fora dele era se o espiritismo era ou não uma nova religião, e quais eram as suas relações com os princípios religiosos.

Em função disso, Allan Kardec apressou-se em dar os seguintes esclarecimentos:

> Ora, como não há religião possível sem a crença em Deus, na imortalidade da alma, nas penas e recompensas futuras, o espiritismo reaviva essas crenças nas pessoas nas quais ela estava apagada; resulta daí que ele é o mais poderoso auxiliar das ideias religiosas: ele dá religião aos que não a possuem; fortifica-a nos que a têm vacilante; consola pela certeza do futuro, faz suportar com paciência e resignação as tribulações desta vida e desvia o pensamento do suicídio, ideia que naturalmente repelimos quando lhe vemos as consequências: é por isso que os que penetraram em seus mistérios sentem-se felizes. Para estes o espiritismo é a luz que dissipa as trevas e as angústias da dúvida.

Adicionalmente, com relação às preces que são dirigidas a Deus, aos bons espíritos e especialmente aos espíritos sofredores, nas reuniões espíritas, praticando um notório princípio e ato religioso, Allan Kardec apresentou os seguintes argumentos:

• Como a prece é sempre um pensamento benévolo, não pode deixar de ser agradável àqueles a quem se dirige;

• Deus não pode infringir as suas leis a fim de satisfazer a todos os pedidos inconsiderados que lhe dirigimos pela prece;

• A prece, bem entendido, a prece real, de coração, ditada por uma verdadeira caridade, incita o espírito sofredor ao arrependimento, desenvolve-lhe os bons sentimentos;

• A prece esclarece o espírito sofredor, fazendo-o compreender a felicidade dos que lhe são superiores;

• A prece anima os espíritos sofredores a fazer o bem, a tornar-se útil aos outros;

• A prece tira o espírito sofredor do desencorajamento em que se entorpece, fazendo-o entrever a luz;

• Com a prece, o espírito sofredor é estimulado a fazer esforços para sair do atoleiro em que está preso. Ela é uma mão protetora que lhe estendemos para abreviar-lhe os sofrimentos;

• Os espíritos sofredores ligam-se aos que oram por eles, como o que é reconhecido àquele que lhe faz bem.

BIBLIOGRAFIA

KARDEC, Allan. *Revista Espírita – Jornal de Estudos Psicológicos.* Vol. 1859. Janeiro e dezembro de 1859.

20

SITUAÇÃO DO ESPÍRITO NA VIDA FUTURA

Allan Kardec ampliou os conhecimentos a respeito da entrada da alma na vida além-túmulo e de sua situação na vida futura; coisa muito importante, obtida com as comunicações dos espíritos, através de médiuns.

Para isso, elaborou o seguinte quadro das penas, das recompensas e das ocupações existentes na vida espiritual, desvendando um mistério milenar:

• Ocorrendo a extinção das forças vitais e a cessação da vida orgânica, o espírito se desprende do corpo material;

• A separação do espírito do seu envoltório corporal não é brusca ou instantânea;

• Algumas vezes, ela começa antes da cessação completa da vida; e nem sempre é completa no instante da morte;

• Entre o espírito e o corpo material existe um liame semimaterial. Este liame não se quebra subitamente. Ele subsiste por algum tempo, deixando o espírito num estado de perturbação, comparável ao que acompanha o despertar;

• O espírito só se reconhece na vida espiritual quando está completamente livre do envoltório material. Até então, não compreende a sua situação;

• A duração do estado de perturbação é muito variável: pode ser de algumas horas, como de vários meses. Mas é raro que ao cabo de alguns dias o espírito não se reconheça mais ou menos bem;

• Ao entrar no mundo espiritual, o espírito é acolhido pelos amigos que o vêm receber, como se voltasse de penosa viagem. Se a travessia foi feliz, isto é, se o tempo de exílio foi empregado de maneira proveitosa para si e o elevou na hierarquia do mundo dos espíritos, eles o felicitam;

• Na vida espiritual, o espírito reencontra os conhecidos, mistura-se aos que o amam e com ele simpatizam, e então começa, verdadeiramente, a sua nova existência;

• Se por um lado os espíritos elevados são felizes, por outro, os espíritos inferiores experimentam sofrimentos e angústias;

• O espírito vê tudo aquilo que vemos, e mais claramente do que nós. Além disso, ele vê aquilo que os nossos sentidos limitados não nos permitem ver;

• O estado de cada espírito, na vida espiritual, varia extraordinariamente na razão de sua elevação e de seu grau de pureza;

• À medida que o espírito se eleva e se depura, suas percepções e suas sensações se tornam menos grosseiras; ele adquire mais acuidade, mais sutileza, mais delicadeza; vê, sente e compreende coisas que não poderia ver, sentir ou compreender quando estava numa condição inferior;

• Entre os espíritos que já atingiram certo grau de desenvolvimento, uns velam pela realização dos desígnios de Deus nos grandes destinos do Universo. Eles dirigem a marcha dos acontecimentos e concorrem ao progresso de cada mundo;

• Alguns espíritos elevados tomam certos indivíduos sob sua proteção, constituindo-se em seus gênios tutelares e anjos da guarda e os acompanhando desde o nascimento até a morte, buscando encaminhá-los pela estrada do bem. Eles sentem-se felizes quando seus esforços são coroados pelo sucesso;

• Todos os espíritos experimentam, em maior ou menor grau, a necessidade de progredir. Isto os excita ao trabalho de melhoramento, de vez que compreendem que é este o preço da sua felicidade.

BIBLIOGRAFIA
KARDEC, Allan. *Revista Espírita – Jornal de Estudos Psicológicos.*
Vol. 1859. Abril de 1859.

21

TENTATIVA DE RENÚNCIA A CARGO DIRETIVO

Allan Kardec, em seu longo discurso de encerramento do ano social 1858-1859 da Sociedade Parisiense de Estudos Espíritas, recordou os fatos que levaram à constituição da Sociedade e mencionou os esforços administrativos que fizera no sentido de manter as sessões numa ordem rigorosa e de lhes dar um caráter sério.

Mas, a certa altura desse discurso, surpreendendo as pessoas presentes, fez a sua proposta de renúncia a qualquer cargo diretivo:

> Agora, que minha tarefa está terminada e que o impulso foi dado, devo comunicar-vos a resolução, que tomei de renunciar, para o futuro, a qualquer função na Sociedade, mesmo a de diretor de estudos.
>
> Não ambiciono nenhum título, a não ser o de simples membro titular, com o qual me sentirei sempre feliz e honrado.
>
> O motivo de minha determinação está na multiplicidade de meus trabalhos, que aumentam dia a dia, pela extensão de minhas relações, porque, além daquilo que conheceis, preparo outros trabalhos mais consideráveis, que exigem longos e laboriosos estudos e que não absorverão menos de dez anos.
>
> Ora, os trabalhos da Sociedade não deixam de tomar muito tempo, quer na preparação, quer na coordenação e redação final. Além disso, reclamam uma assiduidade por vezes prejudicial às minhas ocupações pessoais e tornam indispensável a iniciativa quase exclusiva que me conferistes.
>
> É por este motivo, senhores, que tantas vezes tive de tomar a palavra, muitas delas lamentando que membros eminentes e esclarecidos nos privassem de suas luzes.
>
> Há muito tempo eu desejava demitir-me de minhas funções; em várias circunstâncias o externei de maneira explícita, tanto aqui, quanto

particularmente, a diversos colegas, notadamente ao senhor Ledoyen.

Tê-lo-ia feito mais cedo, sem receio de causar perturbação na Sociedade, retirando-me ao meio do ano, mas poderia parecer uma defecção. E era necessário não dar esse prazer aos nossos adversários. Tive, pois, que cumprir a minha tarefa até o fim.

Hoje, porém, que não mais existem estes motivos, apresso-me em vos comunicar a minha resolução, a fim de não entravar a escolha que deveis fazer. É justo que cada um participe dos encargos e das honras.

Há um ano a Sociedade viu sua importância crescer rapidamente. O número de seus membros titulares triplicou em alguns meses; tendes numerosos correspondentes nos dois continentes e os ouvintes ultrapassariam o limite do possível, se não puséssemos um freio pela estrita execução do regulamento. Entre os últimos contastes as mais altas notabilidades sociais e figuras das mais ilustradas.

Depois dessas palavras que causaram surpresa, Allan Kardec prosseguiu em seu discurso, ressaltando os mais diversos aspectos relacionados com as pesquisas espíritas que foram realizadas por ele e que tiveram impactos positivos em diversos pontos do espiritismo.

Evidentemente, a proposta de renúncia de Allan Kardec foi amplamente rejeitada e na *Revista Espírita*, logo abaixo da publicação de seu discurso, apareceu a seguinte nota de rodapé, comunicando a sua reeleição e permanência na presidência da Sociedade:

Por hoje nos limitamos a dizer que, apesar da intenção do senhor Allan Kardec, expressa no seu discurso de encerramento, de renunciar à presidência, quando da renovação administrativa, foi ele reeleito por unanimidade, menos um voto e uma cédula em branco.

Julgou ele inconveniente persistir na recusa ante um testemunho tão lisonjeiro. Contudo, só o aceitou condicionalmente e sob a reserva expressa de resignar suas funções no momento em que a Sociedade estivesse em condições de oferecer a presidência a alguém cujo nome e posição social fossem de natureza a lhe oferecer maior relevo.

Seu desejo era poder consagrar todo o seu tempo aos trabalhos e estudos que vem fazendo.

BIBLIOGRAFIA
KARDEC, Allan. *Revista Espírita – Jornal de Estudos Psicológicos.*
Vol. 1859. Julho de 1859.

22

LANÇAMENTO DO LIVRO
QUE É O ESPIRITISMO?

Allan Kardec lançou, em junho de 1859, o livro intitulado *Que é o Espiritismo?*, destinado aos que pretendiam, de uma forma rápida, adquirir conhecimentos sobre o mundo dos espíritos e sobre os princípios fundamentais do espiritismo. Ele continha respostas às perguntas que geralmente eram levantadas sobre a doutrina dos espíritos, permitindo tirar as dúvidas e eliminar as objeções que eram feitas sobre certos pontos da doutrina espírita.

O livro foi elaborado com uma didática excelente. No capítulo I, os diálogos apresentados com um crítico, um céptico e um padre mostram a consistência dos princípios fundamentais da doutrina; tiram dúvidas sobre as diferenças entre o espiritualismo e o espiritismo; propiciam um claro entendimento dos fenômenos espíritas, das habilidades dos médiuns e das manifestações físicas e inteligentes dos espíritos; alertam para os perigos das comunicações imprudentes com os habitantes do mundo invisível; defendem as bases da reencarnação; e aclaram as relações entre o espiritismo e as religiões.

Além disso, no capítulo II, Allan Kardec elaborou 104 pontos que propiciam noções elementares de espiritismo. E, no capítulo III, apresentou considerações que solucionam inúmeros problemas humanos, com base nos princípios da pluralidade dos mundos habitados; da existência e sobrevivência da alma; da encarnação do espírito para obter o progresso intelectual e moral com a sua passagem pela vida terrestre; e da situação feliz ou infeliz da alma na vida futura.

Com argumentos convincentes, Allan Kardec esclareceu os seguintes pontos acerca do espiritismo e dos espíritos:

• O espiritismo encontra-se sob o domínio de homens sérios que não se divertem com as manifestações dos espíritos, mas com elas se instruem;

• O espiritismo apresenta prova para o que a religião ensina pela teoria;

• As manifestações físicas e inteligentes dos espíritos provam a sobrevivência da alma à morte do corpo material;

• Os espíritos só se manifestam com a permissão de Deus, pois nada acontece sem essa permissão;

• Os espíritos são chamados em nome de Deus, porque o espírita crê n'Ele e sabe que nada se faz neste mundo sem a sua permissão. Se Deus não permitir que os espíritos venham, eles não virão;

• Deus, em sua misericórdia, envia os espíritos ao homem, para tirá-lo da incredulidade;

• Os espíritos sérios são chamados nas reuniões sérias, feitas com recolhimento e por motivos sérios;

• Nas reuniões espíritas não se faz nenhuma pergunta por curiosidade, nem se realiza nenhuma experiência que tenha uma finalidade fútil;

• O espiritismo demonstra que o mundo corporal e o mundo espiritual interpenetram-se incessantemente. Pela morte, o mundo corporal fornece seu contingente ao mundo espiritual; pelo nascimento, o mundo espiritual alimenta a Humanidade;

• A cada nova existência corporal, o espírito cumpre um progresso maior ou menor e adquire sobre a Terra a soma de conhecimentos e a elevação moral que comporta o planeta;

• Quando abandona a Terra, o espírito passa para um mundo mais elevado, onde aprende coisas novas;

• Os espíritos progridem intelectual e moralmente mais ou menos na vida espiritual. Pelo esforço e pela vontade, alguns progridem muito;

• Os espíritos têm a necessidade de pôr em prática, durante a vida corporal, o que adquiriram em ciência e em moralidade;

• Os espíritos que permaneceram estacionários na vida espiritual reencarnam numa existência análoga à que deixaram anteriormente. Os que progrediram merecem uma encarnação de ordem mais elevada;

• A Terra pode ser considerada, ao mesmo tempo, um mundo de educação para os espíritos pouco adiantados e de expiação para espíritos culpados;

• Os males conhecidos na Humanidade são a consequência da inferioridade moral da maioria dos espíritos encarnados;

• Os espíritos inferiores, pelo contato com os vícios, se tornam reciprocamente infelizes e se punem uns aos outros;

• Deus não fez uma alma mais perfeita do que as outras. Essa preferência seria inconciliável com a sua justiça. Como todas as almas são criaturas de Deus, por que Ele teria livrado umas do trabalho que impõe às outras para chegarem à felicidade eterna? A desigualdade das almas em sua origem seria uma negação da justiça de Deus.

NOVA EDIÇÃO DO LIVRO

Allan Kardec anunciou, em julho de 1865, a publicação de uma nova edição revista e consideravelmente aumentada do livro *Que é o Espiritismo?*.

O primeiro capítulo continha diálogos ou palestras sobre os mais variados temas espíritas mantidos com um crítico, um céptico e um padre. O segundo capítulo apresentava as noções elementares do espiritismo. E o terceiro capítulo mostrava a solução de alguns problemas pela doutrina espírita, levando em conta a pluralidade dos mundos, a existência da alma e a situação do homem durante a vida terrena e após a morte.

BIBLIOGRAFIA
KARDEC, Allan. *O Que é o Espiritismo.*

KARDEC, Allan. *Revista Espírita – Jornal de Estudos Psicológicos.*
Vol. 1859. Julho de 1859.

23

ROUPAS E OBJETOS DOS ESPÍRITOS

Uma questão embaraçosa no meio espírita e de difícil entendimento por parte do público era a das roupas e dos objetos que os espíritos portavam durante as suas aparições aos homens.

Os espíritos precisam cobrir o perispírito com roupas? Como eles confeccionam suas vestimentas? De onde tiram os materiais necessários à elaboração das roupas e dos acessórios que usam?

Para esclarecer esse assunto complexo, Allan Kardec apresentou os seguintes ensinamentos, ilustrando-os com a explicação para a criação de substância salutar e a produção do surpreendente fenômeno da escrita direta:

• Os espíritos se apresentam com roupagens cujo aspecto mudam à vontade;

• Por vezes, certos espíritos têm certos acessórios de toalete, joias etc.;

• As roupas e os objetos dos espíritos se devem ao fato deles poderem concentrar, usando a vontade, os elementos materiais disseminados na atmosfera, para lhes dar uma forma aparente, adequada a seus projetos;

• Os espíritos podem fazer a matéria eterizada sofrer transformações à sua vontade, para produzir os objetos que necessitam, tais como tabaqueira, vestimentas, joias etc.;

• Por esse mesmo processo, um bom espírito consegue fazer uma substância salutar e própria para curar uma determinada moléstia;

• Os espíritos tiram do elemento universal os materiais que necessitam para fazer as coisas e dar a elas uma realidade temporária, com suas propriedades;

• Transformando os elementos fluídicos existentes, o espírito pode produzir inclusive o fenômeno da escrita direta numa folha de papel;

• Na produção do fenômeno da escrita direta, o espírito não se serve das substâncias terrenas, nem dos nossos instrumentos. Ele cria as substâncias e os instrumentos necessários, tirando seus materiais do elemento primitivo universal;

• Por uma ação de sua vontade, o espírito promove as modificações necessárias ao efeito que quer produzir no fenômeno da escrita direta. Assim, consegue fazer a tinta de impressão, a tinta comum ou a marca do lápis, bem como os caracteres tipográficos bastante resistentes para deixar o rebaixo da impressão.

BIBLIOGRAFIA
KARDEC, Allan. *Revista Espírita – Jornal de Estudos Psicológicos.*
Vol. 1859. Agosto de 1859.

24

DEFESA DO ESPIRITISMO E DOS ESPÍRITAS

Desde o ano de 1859, o espiritismo vinha sofrendo alguns ataques moderados e outros pouco comedidos de diversos opositores, principalmente por parte do jornal *L'Univers* e do abade Chesnel.

Além disso, os seus adeptos vinham enfrentando provocações por parte daqueles que achavam um absurdo os espíritas adotarem e praticarem os princípios da doutrina dos espíritos.

Por isso, Allan Kardec decidiu sair em defesa do espiritismo e dos espíritas.

Primeiramente, mostrou que o meio de comunicação espírita merecia simpatia e aceitação crescente por parte do público, alcançando notável sucesso:

> A *Revista Espírita* inicia o terceiro ano e temos o prazer de dizer que o faz sob os mais favoráveis auspícios.
>
> Aproveitamos prazerosamente a ocasião para testemunhar aos leitores toda a nossa gratidão pelas provas de simpatia que diariamente recebemos.
>
> Só isto seria um encorajamento para nós, se não encontrássemos na natureza mesma e no objetivo de nossos trabalhos, uma larga compensação moral à fadiga consequente.

Em seguida, Allan Kardec cuidou de divulgar os benefícios que são obtidos com o trabalho de estudo do espiritismo:

> Quem se der ao trabalho de aprofundar a questão do espiritismo, nele encontra uma satisfação moral tão grande, a solução de tantos problemas que inutilmente havia perdido às teorias vulgares; o futuro

se desdobra à sua frente de maneira tão clara, precisa e lógica, que verifica realmente ser impossível as coisas não se passarem assim, sendo de admirar não se tenha compreendido isso antes, pois um sentimento íntimo lhe dizia que assim deveria ser.

Desenvolvida, a ciência espírita nada mais faz que formular, tirar da escuridão ideias já existentes em seu foro íntimo; daí por diante, o futuro revela um objetivo claro, preciso, perfeitamente definido.

Já não marcha a esmo: vê o seu caminho. Não é mais esse futuro de felicidade ou desgraça que a sua razão não podia compreender e que, por isso mesmo, repelia; é um futuro racional, consequência das próprias leis da Natureza, capazes de suportar o mais severo exame. Por isso é feliz e como que aliviado de um peso imenso: o da incerteza, porque a incerteza é um tormento.

Além disso, Allan Kardec decidiu indicar aos detratores do espiritismo o caminho correto e seguro para combatê-lo:

Substituí-o por algo melhor. Encontrai uma solução mais lógica para todas as questões que ele resolve; dai ao homem outra certeza, que o torne mais feliz, e compreendei bem o alcance do vocábulo certeza, porque o homem só aceita como certo aquilo que lhe parece lógico.

Não vos contenteis em dizer que isto não é, pois é muito fácil. Provai, não pela negação, mas pelos fatos, que isto não é, jamais foi e não pode ser. Provai, enfim, que as consequências do espiritismo não tornam o homem melhor, pela prática da mais pura moral evangélica, moral muito elogiada, mas pouco praticada.

Quando tiverdes feito isso, serei o primeiro a inclinar-me à vossa frente.

BIBLIOGRAFIA
KARDEC, Allan. *Revista Espírita – Jornal de Estudos Psicológicos.* Vol. 1860. Janeiro de 1860.

25

LANÇAMENTO DA SEGUNDA EDIÇÃO DE
O LIVRO DOS ESPÍRITOS

Em janeiro de 1860, já se encontrava esgotada a primeira edição de *O Livro dos Espíritos*, e Allan Kardec já havia providenciado uma nova edição.

Porém, somente em março de 1860, Allan Kardec anunciou que a nova edição de *O Livro dos Espíritos* estava completamente reformulada.

Ele havia providenciado uma distribuição das matérias numa ordem mais metódica. Com isso, a reedição estava consideravelmente aumentada, com complementos e melhores esclarecimentos, sem que os princípios do espiritismo houvessem sofrido qualquer alteração.

As diferenças entre a primeira e a segunda edição eram notáveis:

a) A divisão do livro passou de três para quatro partes:
• De: Doutrina espírita; Leis morais; e Esperanças e consolações.
• Para: As causas primárias; Mundo espírita ou dos espíritos; As leis morais; e Esperanças e consolações.

b) Houve um considerável aumento no número de questões: passaram de 501 para 1019, com todos os assuntos minuciosamente detalhados e melhor explorados e explicados.

c) O livro ganhou uma estrutura mais didática, com a divisão dos capítulos em títulos, nos quais os temas estavam cuidadosamente reunidos e primorosamente expandidos ou desenvolvidos, facilitando a compreensão dos seguintes princípios espíritas: A trindade universal: Deus, espírito e matéria; A pluralidade das existências corpóreas; A vida espírita; As ocupações e missões dos espíritos; e Os três reinos, abrangendo os minerais, as plantas, os animais e o homem.

d) Houve a exclusão do capítulo X, da Primeira Parte do livro, sobre a "Manifestação dos espíritos", pois este tema já havia sido abordado de forma abrangente no livro *Instruções Práticas sobre as Manifestações Espíritas*, publicado em 1858.

A procura dessa nova edição foi surpreendente. Em poucos meses, já havia ocorrido o esgotamento da segunda edição de *O Livro dos Espíritos*, noticiada da seguinte forma por Allan Kardec:

> O espiritismo não tocou a trombeta da publicidade; não encheu os jornais de anúncios luxuosos. Como é, então, que, sem ruído, sem brilho, sem o apoio dos que se fazem árbitros da opinião, se infiltra nas massas e, segundo a graciosa expressão de um crítico, cujo nome não lembramos, depois de ter infestado as classes esclarecidas, agora penetra nas classes laboriosas? Que nos digam como, sem o emprego dos meios ordinários de propaganda, a segunda edição de *O Livro dos Espíritos* esgotou-se em quatro meses?
>
> Diz-se que o povo se enleva com as coisas mais ridículas. Seja, mas a gente se enleva com o que diverte, uma história, um romance. Ora, *O Livro dos Espíritos* absolutamente não tem a pretensão de ser divertido. Não será por que a opinião pública encontra nessas crenças algo que desafia a crítica?

BIBLIOGRAFIA
KARDEC, Allan. *O Livro dos Espíritos*.

KARDEC, Allan. *Revista Espírita – Jornal de Estudos Psicológicos*. Vol. 1860. Janeiro, março e dezembro de 1860.

26

EVOCAÇÃO DA ALMA DE PESSOAS VIVAS

Allan Kardec entrara num campo novo em suas pesquisas espíritas: promovia a evocação da alma de pessoas vivas, para constatar a sua situação, enquanto o corpo material estava adormecido.

A primeira evocação foi a da alma do conde de R... C..., o qual havia se colocado, por escrito, à disposição para a realização dessa experiência. Os resultados obtidos foram surpreendentes:

• A alma tinha perfeita consciência da evocação e de sua existência corpórea;

• A alma podia ver seu corpo material adormecido e o considerava um simples acessório;

• A alma era o verdadeiro eu e podia transportar-se instantaneamente e à vontade do local da reunião para a sua casa e vice-versa;

• A alma, embora ausente do seu corpo material, continuava ligada a ele por um laço semelhante a uma luz fosforescente;

• A alma podia ver as coisas, escutar os sons e perceber distintamente os odores no local onde se encontrava;

• A alma conseguia transmitir o seu pensamento para a mente do médium, atuar sobre a sua mão, para lhe dar uma direção, e controlar o seu cérebro, para facilitar a sua atuação;

• A alma via claramente os outros espíritos presentes no local da reunião;

• A alma tinha uma forma circunscrita e limitada, dada pelo seu perispírito, que era um corpo fluídico luminoso;

• A alma conservava o seu livre-arbítrio. Porém, se fizesse mal uso dele, recusando-se a ser útil aos semelhantes, sofreria as consequências impostas pelas leis de Deus;

A segunda evocação da alma de uma pessoa viva foi a do dr. Vignal, membro titular da Sociedade, que havia se oferecido para servir a esse estudo, a exemplo do conde de R... C...

Com essa evocação, Allan Kardec obteve a confirmação de todas as revelações feitas pelo espírito do conde de R... C..., atestando a composição tríplice do ser humano: corpo material, perispírito e espírito.

Outra evocação notável foi a da alma da senhorita Inderhmuhle, surda-muda de nascença, com 32 anos de idade, viva, residente em Berna, cujo irmão se achava presente na reunião.

A alma da senhorita Indermuhle não apresentava as deficiências auditivas ou vocais que o seu corpo material possuía.

Além disso, confirmou muitos pontos levantados nas duas evocações anteriores de almas de pessoas vivas; respondeu em francês, embora ignorasse essa língua, explicando que transmitia o seu pensamento ao guia espiritual do médium e que este o traduzia para a língua que lhe era familiar; e revelou que a sua condição de pessoa deficiente era decorrência de uma prova que havia escolhido.

Com o interesse despertado pelo estudo da situação da alma de uma pessoa que possuía deficiência no corpo físico, Allan Kardec evocou a alma de Charles de Saint-G..., de treze anos de idade, vivo, portador de idiotia e cujas faculdades intelectuais eram de tal nulidade que nem conhecia os pais e apenas podia alimentar-se. Nele havia ocorrido a parada completa do desenvolvimento do sistema orgânico.

Essa evocação, feita no interesse do progresso da ciência espírita, demonstrou que:

• A alma estava presa a um corpo material deficiente, mas podia desprender-se dele com facilidade;

• A alma estava submetida a um cativeiro, mas quando o seu corpo material repousava, ela se sentia mais livre, a ponto de poder se elevar ao céu;

• A alma estava nesse estado corporal por punição. Ela se lembrava de sua existência anterior e sabia qual era a causa de seu exílio;

• A alma estava consciente de que estava sendo punida por ter sido um jovem libertino, no tempo de Henrique III, e por ter se tornado um espírito leviano, quando esteve na erraticidade.

Em conclusão a este estudo, Allan Kardec escreveu o seguinte:

> Ninguém desconhecerá o alto ensinamento moral que decorre desta evocação. Além disso, ela confirma o que sempre foi dito sobre

os idiotas. Sua nulidade moral não significa nulidade do espírito, que, abstração feita dos órgãos, goza de todas as faculdades. A imperfeição dos órgãos é apenas um obstáculo à livre manifestação das faculdades; não as aniquila.

BIBLIOGRAFIA

KARDEC, Allan. *Revista Espírita – Jornal de Estudos Psicológicos.* Vol. 1860. Janeiro, março e junho de 1860.

27

VALIOSO DONATIVO RECEBIDO

Allan Kardec viu-se diante de um acontecimento inesperado: a Sociedade Parisiense de Estudos Espíritas foi contemplada com um donativo de dez mil francos, recebido de uma senhora, sócia da província, para ser utilizado em favor do espiritismo.

As razões pessoais para esse gesto surpreendente foram as seguintes:

> Tendo recebido uma herança com que não contava, essa senhora quer que dela participe a doutrina espírita, à qual deve supremas consolações ao ser esclarecida sobre as verdadeiras condições de felicidade nesta e na outra vida.
>
> Diz ela em sua carta:
>
> "Vós me fizestes compreender o espiritismo, mostrando-me o seu verdadeiro objetivo; só ele pode triunfar das dúvidas e da incerteza que, para mim, eram a fonte de inexprimíveis ansiedades. Eu marchava na vida ao acaso, maldizendo as pedras do meu caminho. Agora vejo claro em volta de mim, em minha frente; o horizonte se alargou e marcho com certeza e confiança no futuro, sem me inquietar com os espinhos da estrada. Desejo que este pequeno óbolo vos ajude a espalhar sobre os outros a benfazeja luz que me tornou tão feliz. Empregai-o como entenderdes: nem quero recibo nem controle. A única coisa que peço é o mais estrito incógnito."

Allan Kardec, para corresponder às generosas intenções dessa senhora, aplicaria a quantia recebida para melhorar a instalação da Sociedade, colocando-a em condições mais favoráveis para o seu trabalho. Também criaria uma biblioteca especial para prover ao que faltava materialmente à Sociedade e para sustentar a regularidade dos seus trabalhos. Para isso, formou uma caixa especial, que seria objeto de uma contabilidade distinta, sob o nome de Caixa do Espiritismo; e colocou o controle da caixa a cargo dos senhores Solichon, Thiry, Levent, Mialhe, Krafzoff e da senhora Parisse, os quais cuidariam para que houvesse o emprego útil dos fundos.

BIBLIOGRAFIA
KARDEC, Allan. *Revista Espírita – Jornal de Estudos Psicológicos.*
Vol. 1860. Março de 1860.

28

HOMENAGEM AO ESPÍRITO SÃO LUÍS

O espírito São Luís[1] era considerado o guia espiritual da Sociedade Parisiense de Estudos Espíritas, em função do papel importante que desempenhava no desenvolvimento do espiritismo, ao dar conselhos úteis, esclarecer questões complexas, conduzir e orientar os rumos dos trabalhos em andamento e garantir o sucesso das evocações de espíritos, as quais autorizava, viabilizava e acompanhava.

No dia 24 de agosto de 1860, uma sexta-feira, o senhor Sanson proferiu uma alocução muito calorosa em reconhecimento ao espírito São Luís, por sua intervenção na cura instantânea que obtivera em um mal na perna, que tinha resistido a todos os tratamentos e que o estava levando à amputação.

A esse gesto comovente, os membros da Sociedade, apoiados por Allan Kardec, se associaram ao testemunho de gratidão do senhor Sanson e aproveitaram a oportunidade para agradecer ao espírito São Luís a benevolência e a proteção que dispensava à Sociedade.

Em resposta à homenagem recebida, o espírito São Luís manifestou-se, agradecendo o gesto e afirmando que continuaria velando pela Sociedade, que era unida pelos sentimentos de caridade e de verdadeira fraternidade.

BIBLIOGRAFIA
KARDEC, Allan. *Revista Espírita – Jornal de Estudos Psicológicos.*
Vol. 1860. Setembro de 1860.

---

[1] O espírito São Luís ou Luís IX (1214-1270) foi rei da França. Reinou primeiro sob tutela de sua mãe Branca de Castela. Foi bom e piedoso, sendo canonizado em 1297. Citado constantemente na *Revista Espírita*, mercê das inúmeras comunicações de seu espírito. Fonte: Índice biobibliográfico contido na edição da *Revista Espírita* de 1869 (Edicel).

29

VIAGENS NO INTERESSE DO ESPIRITISMO

Na viagem que fez à cidade de Lyon, para constatar pessoalmente o progresso que o espiritismo vinha experimentando fora de Paris, Allan Kardec ouviu comovido o discurso feito pelo senhor Guillaume, no banquete que lhe foi oferecido pelos espíritas lioneses, no dia 19 de setembro de 1860.

Nessa alocução, o orador ressaltou a importância de *O Livro dos Espíritos*, na promoção da melhoria dos sentimentos, na conquista de uma melhor compreensão da vida e no fortalecimento das forças íntimas que promovem a felicidade.

O orador destacou ainda que:

> Se Paris era o cérebro do espiritismo, Lyon deveria ser considerado o seu coração, pela união, pelo trabalho, pelas luzes e pelo amor dos espíritas lioneses.

Em resposta a esse discurso, Allan Kardec afirmou que:

• Os benefícios do espiritismo devem ser espalhados e levados a todos;

• Os espíritas não só devem admirar a filosofia e a moral espírita, mas devem pô-las em prática;

• A caridade deve ser a regra de conduta dos espíritas;

• Os grupos espíritas devem ser pequenos, porque possibilitam a obtenção de melhores comunicações, através de médiuns com aptidões variadas, além de facilitarem a harmonia e a comunhão de sentimentos;

• Os grupos espíritas devem permitir que os seus membros se conheçam, como numa família, facilitando a busca de entendimento e o alcance dos objetivos;

• Os grupos espíritas devem divulgar os resultados que alcançarem em seus trabalhos para que todos tirem proveito;

• As comunicações dos espíritos devem ser avaliadas pela superioridade do pensamento;

• Os médiuns devem ter um especial cuidado com o orgulho que leva a um falso julgamento da verdade, à falta de bom-senso e à imprudência;

• O espiritismo abre o caminho para a felicidade pela sua influência moralizadora, progressista e benéfica.

Além dessa viagem a Lyon, Allan Kardec realizou viagens para Sens, Mâcon e Saint-Etienne, onde presenciou fatos interessantes, colheu resultados surpreendentes e foi acolhido cordialmente em toda parte.

Em seus discursos, Allan Kardec ressaltou os consideráveis progressos que a doutrina havia experimentado; registrou a seriedade com que os trabalhos espíritas eram conduzidos em toda parte, fechando a boca de muitos oponentes; destacou uma expressão que estava na ordem do dia: **"O espiritismo está no ar"**; e expressou a sua satisfação ao ver que os espíritas eram numerosos em todas as classes sociais e que sabiam colher a salutar influência da doutrina sob o ponto de vista da ordem, da moral e das ideias religiosas.

BIBLIOGRAFIA
KARDEC, Allan. *Revista Espírita – Jornal de Estudos Psicológicos.*
Vol. 1860. Outubro e novembro de 1860.

30

LANÇAMENTO DE *O LIVRO DOS MÉDIUNS*

Em agosto de 1860, a edição do livro *Instruções Práticas sobre as Manifestações Espíritas* já se encontrava inteiramente esgotada. Então, Allan Kardec comunicou ao público que o mesmo não seria reimpresso. Seria substituído por um novo trabalho, mais completo, que estava no prelo, obedecendo a um novo plano. Possivelmente, teria o título de *Espiritismo Experimental*.

Em janeiro de 1861, Allan Kardec lançou esse novo livro, mas com o título de **O Livro dos Médiuns**, editado por Didier & Cie., livreiros-editores.

Foi considerado por ele um complemento ao *O Livro dos Espíritos*, porque continha a parte experimental do espiritismo, em complemento a sua parte filosófica.

Foram as seguintes as explicações que Allan Kardec deu para o lançamento dessa nova obra: esclarecia todas as questões relacionadas com a prática das manifestações físicas e inteligentes dos espíritos, permitindo um perfeito entendimento dos fenômenos espíritas; ampliava o conhecimento sobre as condições necessárias para a obtenção de comunicações sérias e instrutivas dos espíritos; orientava o desenvolvimento e o exercício da faculdade mediúnica; e estabelecia critérios seguros para a avaliação das comunicações recebidas dos espíritos:

> Chegamos a publicar uma *Instrução Prática* para os médiuns, que se encontra esgotada. Fizemo-la com objetivo sério e grave, mas, apesar disso, não a reimprimiríamos, pois já não corresponde à necessidade de esclarecimento completo das dificuldades que podem ser encontradas. Preferimos substituí-la por esta, em que reunimos todos os dados de uma longa experiência e de um estudo conscencioso. Esperamos

que ela contribuirá para mostrar o caráter sério do espiritismo, que é a sua essência, e para afastar a ideia de frivolidade e divertimento.

Depois da exposição do aspecto filosófico da ciência espírita em *O Livro dos Espíritos*, damos nesta obra a sua parte prática, para aqueles que desejarem ocupar-se das manifestações, seja pessoalmente, seja pela observação de experiências alheias.

Verão aqui os escolhos que poderão encontrar e estarão em condições de evitá-los. Essas duas obras, embora se completem, são até certo ponto independentes uma da outra. Mas a quem quiser tratar seriamente do assunto, recomendamos primeiramente a leitura de *O Livro dos Espíritos*, porque contém os princípios fundamentais, sem os quais talvez seja difícil a compreensão de algumas partes desta obra.

O lançamento de *O Livro dos Médiuns* foi muito bem sucedido. Por sinal, as obras publicadas por Allan Kardec vinham experimentando grande sucesso editorial, como ele próprio registrou na *Revista Espírita* em março de 1861:

> *O Livro dos Espíritos*, que passa por ser a mais completa exposição da doutrina, foi publicado em 1857; a 2ª edição em abril de 1860; a 3ª em agosto de 1860, isto é, quatro meses mais tarde, e em fevereiro de 1861, a 4ª estava à venda. Assim, três edições em menos de um ano provam que todo mundo não é da opinião do sr. Deschanel.
>
> Nossa nova obra, *O Livro dos Médiuns*, apareceu a 15 de janeiro de 1861 e já é preciso pensar em nova edição. Foi pedido da Rússia, da Alemanha, da Itália, da Inglaterra, da Espanha, dos Estados Unidos, do México, do Brasil etc.
>
> A 1º de janeiro de 1861, data da renovação de assinaturas anuais da *Revista Espírita*, havia um terço a mais de assinantes em relação à mesma época do ano anterior, e diariamente recebe novos que – coisa digna de registro – pedem todas as coleções dos anos anteriores; tanto que foi necessário reimprimi-las. Isto prova que ela não parece assim tão ridícula.
>
> De todos os lados, em Paris, na província, no estrangeiro, formam-se reuniões espíritas. Conhecemos mais de cem delas nos departamentos e estamos longe de as conhecer totalmente, sem contar todas as pessoas que disto se ocupam isoladamente ou no seio da família.

Em novembro de 1861, Allan Kardec anunciou o lançamento da segunda edição de *O Livro dos Médiuns*, pois a primeira havia se esgotado em poucos meses.

A segunda edição estava muito mais completa que a precedente.

Encerrava numerosas instruções novas e importantes, com vários capítulos novos.

Allan Kardec havia adquirido muita experiência na comunicação com os espíritos. Por isso, julgou importante expandir consideravelmente os seguintes temas: conselhos aos médiuns e aos observadores dos fatos espíritas; forma correta de identificação dos espíritos; cuidados que evitam a obsessão; questões que podem ser dirigidas aos espíritos; como distinguir os bons dos maus espíritos; como promover reuniões espíritas; como evitar fraudes nos fenômenos espíritas e as ações dos espíritos enganadores.

Nessa nova versão de *O Livro dos Médiuns*, Allan Kardec cuidou também de ressaltar ainda os seguintes pontos doutrinários:

• O espírito tem um envoltório chamado de perispírito. Ele é semimaterial; tem a mesma forma humana do corpo material; serve de corpo fluídico e vaporoso; é invisível para os homens no seu estado normal; e possui algumas propriedades da matéria;

• O espírito tem o pensamento como atributo. Com ele, pode agir sobre a matéria, impressionar os sentidos dos homens, transmitindo-lhes pensamentos;

• Os espíritos podem influenciar as pessoas em maior ou menor grau de intensidade. Quem sente a influência dos espíritos, em qualquer grau de intensidade, é médium. Essa faculdade é, pois, inerente ao homem;

• Ser médium não se constitui num privilégio, pois são raras as pessoas que não possuem essa faculdade mediúnica, pelo menos em um estado rudimentar. Assim, pode-se dizer que todas as pessoas são mais ou menos médiuns;

• Usualmente, a qualificação de médium se aplica somente às pessoas que possuem uma faculdade mediúnica bem caracterizada, que se traduz por efeitos patentes de certa intensidade, o que depende de uma organização mais ou menos sensitiva;

• Os médiuns têm, geralmente, aptidão especial para esta ou aquela ordem de fenômenos. Por isso, podem ser divididos em tantas variedades quantas são as espécies de manifestações dos espíritos;

• Os médiuns podem ser classificados em: médiuns de efeitos físicos, médiuns sensitivos ou impressionáveis, auditivos, falantes, videntes, sonâmbulos, curadores, pneumatógrafos, escreventes ou psicógrafos;

• Os médiuns escreventes ou psicógrafos são os mais comuns, pois essa forma de comunicação dos espíritos é a mais simples, a mais cômoda e sobretudo a mais completa. Além disso, essa faculdade é a mais susceptível de se desenvolver pelo exercício;

• Os médiuns que desenvolvem a psicografia podem estabelecer relações tão permanentes e regulares com os espíritos, como as que os homens mantêm entre si;

• Através da psicografia, os espíritos revelam melhor a sua natureza, o grau de sua perfeição ou de sua inferioridade. Eles podem exprimir-se, dar a conhecer os seus pensamentos, permitindo que sejam apreciados e julgados em seu justo valor;

• Somente os bons espíritos dão comunicações boas. Mas, para isso, precisam dispor de um bom médium e ter um objetivo que lhes seja conveniente;

• O médium exerce uma grande influência moral na comunicação do espírito. Isso porque o espírito comunicante identifica-se com o espírito do médium e, para essa identificação, é necessário haver simpatia ou afinidade entre eles;

• A alma do médium exerce sobre o espírito comunicante uma espécie de atração ou de repulsão, segundo o grau de semelhança ou dissemelhança entre eles;

• Os bons médiuns têm afinidade com os bons espíritos e os maus, com os maus. Disso se segue que as qualidades morais do médium têm influência capital sobre a natureza dos espíritos que se comunicam por seu intermédio;

• Se o médium é de baixa moral, os espíritos inferiores se agrupam em torno dele e estão sempre prontos a tomar o lugar dos bons espíritos;

• As boas qualidades dos médiuns, que atraem a preferência dos espíritos bons, são a bondade, a benevolência, a simplicidade de coração, o amor ao próximo e o desprendimento das coisas materiais;

• A obsessão é um dos maiores e mais frequentes escolhos da mediunidade. Além dos prejuízos pessoais que dela resultam, constitui um obstáculo absoluto à pureza e veracidade das comunicações;

• A obsessão, em qualquer dos seus graus, por ser um constrangimento, não pode jamais ser exercido por um espírito bom;

• Toda comunicação dada por um espírito através de um médium obsedado, é de origem suspeita e não merece nenhuma confiança;

• Todas as comunicações dos espíritos devem ser submetidas a um rigoroso exame. Devem ser sondadas e analisadas as suas ideias e expressões, como se faz ao se julgar qualquer obra literária;

• Ao se analisar e julgar as comunicações dos espíritos, deve-se rejeitar sem hesitação tudo o que for contrário à lógica e ao bom-senso;

• O exame rigoroso das comunicações dos espíritos desencoraja os espíritos mistificadores, que acabam por se afastar, desde que se convençam de que não podem enganar;

• As sociedades espíritas devem ter um objetivo exclusivamente moral e trabalhar no campo do bem. Todas devem tomar por divisa "amor e caridade", porque essa é a divisa de todo espírita verdadeiro.

BIBLIOGRAFIA

KARDEC, Allan. *O Livro dos Médiuns.*

KARDEC, Allan. *Revista Espírita – Jornal de Estudos Psicológicos.* Vol. 1860. Julho, agosto e novembro de 1860.

KARDEC, Allan. *Revista Espírita – Jornal de Estudos Psicológicos.* Vol. 1861. Novembro de 1861.

31

CONSELHOS DOS BONS ESPÍRITOS

Allan Kardec vinha demonstrando uma certa preocupação com as fortes investidas contra o espiritismo por parte de religiosos, opositores e críticos literários. Estes vinham desencadeando ataques violentos em decorrência do notável desenvolvimento da doutrina dos espíritos e da aceitação crescente que ela desfrutava por parte do público.

As maiores tentativas de ridicularizar a doutrina e os espíritas tinham vindo por parte do *Univers*, números de maio e julho de 1859; do sr. Oscar Comettant; da *Gazette de Lyon*, em outubro de 1860; do sr. Louis Figuier; do sr. Georges Gandy, redator de *La Bibliographie Catholique*; e do sr. Émile Deschanel, do *Journal des Débats*.

Allan Kardec não deixava de responder sabiamente às provocações, anátemas e injúrias recebidas. Era importante apontar os erros cometidos pelos opositores que distorciam a verdade sobre os princípios do espiritismo. Era indispensável mostrar que as palavras dirigidas contra o espiritismo eram opiniões pessoais de seus contestadores, apresentando simples negativas dos fatos espíritas, sem qualquer fundamentação de suas ideias próprias em um estudo sério e aprofundado.

Invariavelmente, Allan Kardec deparava-se com atacantes que não tinham qualquer conhecimento do espiritismo. Eles apenas lançavam teorias ou ideias novas para a alma ou o espírito, sem apresentarem qualquer justificativa convincente, sem mostrarem qualquer inconsistência na doutrina espírita, sem explicarem, de uma forma mais clara e lógica, as relações existentes entre as vidas material e espiritual.

Nesse contexto um tanto perturbador, os bons espíritos não ficaram indiferentes às críticas malévolas que apareciam com frequência.

Eles apresentaram espontaneamente os seguintes conselhos, muito oportunos e sábios:

Não vos inquieteis com o que o mundo pode escrever contra o espiritismo. Não é a vós que atacam os incrédulos, é ao próprio Deus. Mas Deus é mais poderoso do que eles. É uma era nova, entendei bem, que se abre ante vós; e os que buscam opor-se aos desígnios da Providência em breve serão derrubados. Como foi dito perfeitamente, longe de prejudicar o espiritismo, o ceticismo fere as próprias mãos e ele mesmo se matará. Desde que o mundo quer tornar a morte onipotente pelo nada, deixai-o falar; oponde apenas a indiferença ao seu amargo pedantismo. Para vós a morte não será mais essa deusa atroz que os poetas sonharam: a morte se vos apresentará como a autora dos dedos de rosa de Homero.

Andrê Chénier

Semelhantes artigos não fazem mal senão aos que os escrevem; não fazem nenhum ao espiritismo, que ajudam a espalhar mesmo entre os seus inimigos.

São Luís

Deveis ficar satisfeitos com isto. Se vossos inimigos se ocupam tanto convosco, é porque vos reconhecem algum valor e vos temem. Deixai, então, que digam e façam o que quiserem; não vem longe o tempo em que serão forçados a calar-se. Sua cólera prova a sua fraqueza. Só a verdadeira força sabe dominar-se: tem a calma da confiança. A fraqueza procura atordoar-se fazendo muito barulho.

Um espírito em Nimes

BIBLIOGRAFIA
KARDEC, Allan. *Revista Espírita – Jornal de Estudos Psicológicos*.
Vol. 1861. Março de 1861.

32

DISCURSO DE 5 DE ABRIL DE 1861

Allan Kardec, na sessão de 5 de abril de 1861 da Sociedade Parisiense de Estudos Espíritas, realizou um discurso dando início ao seu quarto ano de atividades. Era a oportunidade ideal para ressaltar algumas lições e experiências valiosas adquiridas com o progresso experimentado pelo espiritismo.

Mas, de início, julgou oportuno agradecer o apoio recebido dos bons espíritos e, de modo particular, prestar uma homenagem e um preito de gratidão ao espírito São Luís:

> No momento em que nossa Sociedade inicia seu quarto ano, creio que devemos um agradecimento especial aos bons espíritos que se dignaram assistir-nos e, em particular, ao nosso presidente espiritual, cujos sábios conselhos nos preservaram de vários perigos e cuja proteção permitiu superarmos as dificuldades semeadas em nosso caminho, sem dúvida para submeter à prova a nossa dedicação e a nossa perspicácia. Sua benevolência – devemos reconhecê-lo – jamais nos faltou e, graças ao bom espírito de que agora a Sociedade está animada, triunfou sobre a má vontade de seus inimigos.

Em seguida, ressaltou os seguintes pontos:

É importante estudar, refletir e observar continuamente os fenômenos espíritas, para se adquirir a verdadeira convicção:
> Sabemos, por experiência, que a verdadeira convicção só se adquire pelo estudo, pela reflexão e por uma observação contínua, e não assistindo a uma ou duas sessões, por mais interessantes que sejam.

É importante empregar o raciocínio na compreensão dos fatos espíritas:

O espiritismo não admite a confiança cega; quer ser claro em tudo; quer que lhe compreendam tudo e que se deem conta de tudo. Então, quando recomendamos estudo e meditação, pedimos o concurso do raciocínio, o que prova que a ciência espírita não teme o exame, desde que antes de crer sentimos a necessidade de compreender.

É importante selecionar o público que participa das sessões espíritas:

Com um público não selecionado, trazendo mais curiosidade que verdadeiro desejo de instruir-se e, ainda mais, com vontade de criticar e troçar, seria impossível ter o indispensável recolhimento para toda manifestação séria; uma controvérsia mais ou menos malévola e baseada, na maior parte do tempo, na ignorância dos mais elementares princípios da ciência, determinaria eternos conflitos, nos quais a dignidade poderia ser comprometida.

É importante ter seriedade, respeito e ponderação nas reuniões e nos trabalhos espíritas:

O que nós queremos é que, ao sair de nossa casa, os ouvintes não levem convicção, levem da Sociedade a ideia de uma reunião grave, séria, que se respeita e sabe fazer-se respeitar, que discute com calma e moderação, examina com cuidado, aprofunda tudo com olho de observador conscencioso, que procura esclarecer-se, e não com a leviandade de simples curioso.

É indispensável revelar profundo respeito pelos espíritos que se manifestam:

Reunimo-nos com o fito de nos esclarecermos, e não de nos distrairmos. Não buscando uma diversão, não queremos divertir aos outros. Por isso não queremos senão ter ouvintes sérios, ao invés de curiosos, que julgassem aqui encontrar um espetáculo. O espiritismo é uma ciência e, como qualquer outra ciência, não se aprende brincando. Ainda mais, tomar as almas que se foram como assunto para distração seria faltar ao respeito a que fazem jus; especular sobre sua presença e sua intervenção seria impiedade e profanação.

É imprescindível que os trabalhos espíritas promovam a contínua confirmação dos princípios do espiritismo e o fortalecimento das crenças:

Os trabalhos marcharam com perfeita regularidade e nada os interrompeu; uma porção de fatos do mais alto interesse foram relatados, explicados e comentados; questões muito importantes foram resolvidas; todos os exemplos que passaram aos nossos olhos pelas evocações, todas as investigações a que nos dedicamos vieram confirmar os princípios da ciência e fortalecer as nossas crenças; numerosas comunicações de incontestável superioridade foram obtidas por diversos médiuns; a província e o estrangeiro nos remeteram algumas excessivamente admiráveis, e que provam não só quanto o espiritismo se espalha, mas, também, sob que ponto de vista grave e sério é agora encarado por toda parte. Sem dúvida este é um resultado pelo qual nos devemos sentir felizes, mas há outro não menos satisfatório e que é, aliás, uma consequência do que, desde a origem, havia sido predito; é a unidade que se estabelece na teoria da doutrina, à medida que a estudam e melhor a compreendem. Em todas as comunicações que nos chegam de fora encontramos a confirmação dos princípios que nos são ensinados pelos espíritos, e como as pessoas que as recebem nos são, na maioria, desconhecidas, não se pode dizer que sofram a nossa influência.

É importante valorizar a amplitude moral, filosófica e religiosa da doutrina espírita:

Tal qual é hoje professada, a doutrina espírita tem uma amplidão que lhe permite abarcar todas as questões de ordem moral: satisfaz a todas as aspirações, e pode-se dizer, ao mais exigente raciocínio, para quem quer que se dê ao trabalho de estudá-la e não esteja dominado pelos preconceitos. Ela não tem as mesquinhas restrições de certas filosofias; alarga ao infinito o círculo das ideias e ninguém é capaz de elevar mais alto o pensamento e tirar o homem da estreita esfera do egoísmo, na qual tentaram confiná-lo. Enfim, ela se apoia nos imutáveis princípios fundamentais da religião, dos quais é a demonstração patente. Eis, sem dúvida, o que lhe conquista tão numerosos partidários entre as pessoas esclarecidas de todos os países, e o que a fará prevalecer, em tempo mais ou menos próximo, e isto malgrado os seus adversários, na maioria mais opostos pelo interesse do que pela convicção. Sua marcha progressiva tão rápida, desde que entrou na via filosófica séria, é-nos garantia segura do futuro que lhe é reservado e que, como sabeis, está anunciado em todo o mundo.

BIBLIOGRAFIA
KARDEC, Allan. *Revista Espírita – Jornal de Estudos Psicológicos*.
Vol. 1861. Maio de 1861.

33

NOVA VISITA A LYON

Allan Kardec visitou novamente, em setembro de 1861, os espíritas da cidade de Lyon, tendo, de passagem, visitado também os espíritas de Sens e de Mâcon.

Para a sua surpresa, o número de grupos espíritas, de reuniões particulares, de médiuns e de espíritas, pertencentes a todas as idades e classes sociais, havia crescido surpreendentemente nessas cidades. Era mais uma prova da marcha irresistível da doutrina espírita, devido, principalmente, às suas consequências morais.

Allan Kardec participou de uma programação muito intensa nessa sua visita:

• assistiu a uma alocução comovedora que lhe foi dirigida durante a visita que realizou ao grupo de Saint-Just;

• presenciou homenagens e acontecimentos gratificantes no banquete promovido pelos vários grupos espíritas lioneses, a 19 de setembro de 1861;

• ouviu emocionado a alocução do senhor Dijoud, presidente do Grupo Espírita de Brotteaux;

• recebeu brindes oferecidos pelos senhores Courtet e Bouillant;

• fez seu próprio discurso ressaltando a importância do espiritismo em restituir ao espírito o seu verdadeiro papel na obra da Criação, em moralizar os homens, em levá-los à prática da lei de amor e caridade e em lhes dar consolação, coragem moral e resignação ante as provações da vida;

• leu em nome do autor a epístola do espírito Erasto dirigida aos espíritas lioneses, que havia sido ditada espontaneamente antes da sua partida;

• e surpreendeu-se com as duas comunicações que foram recebidas em Lyon, em sua presença, tratando dos "Pobres e ricos" e das "Diferentes maneiras de fazer a caridade".

BIBLIOGRAFIA
KARDEC, Allan. *Revista Espírita – Jornal de Estudos Psicológicos*.
Vol. 1861. Outubro de 1861.

34

AUTO-DE-FÉ EM BARCELONA

Allan Kardec estava preparado para enfrentar as oposições e os ataques que surgiam contra o espiritismo, mas jamais imaginou que livros espíritas pudessem ser queimados em praça pública.

O bispo de Barcelona mandou confiscar os livros que haviam entrado legalmente na Espanha e queimá-los, em 9 de outubro de 1861, na esplanada da cidade de Barcelona, lugar onde eram executados os criminosos condenados ao último suplício.

Trezentos volumes e brochuras sobre o espiritismo, incluindo as obras de Allan Kardec, haviam chegado ao país vizinho e sido apossados indevidamente. A razão alegada para isso foi a seguinte:

> A Igreja católica é universal; e sendo estes livros contra a fé católica, o governo não pode consentir que eles venham perverter a moral e a religião de outros países.

Nada do que foi feito pelos espíritas da localidade conseguiu impedir que, ante uma grande multidão que gritava "abaixo a Inquisição", os livros fossem queimados. Então as cinzas foram recolhidas por diversas pessoas que desejavam conservar um testemunho desse ato de insensatez.

A imprensa local, evidentemente, deu grande ênfase ao assunto, o que serviu de meio de propagação das ideias espíritas na Espanha.

Sobre esse acontecimento marcante, Allan Kardec escreveu o seguinte:

> Espíritas de todos os países! Não esqueçais a data de 9 de outubro de 1861. Será marcada nos fatos do espiritismo; que ela seja para vós um dia de festa, e não de luto, porque é o penhor de vosso próximo triunfo!

Novamente, os bons espíritos não ficaram indiferentes a esse ato marcante. Eles deram diversas comunicações espontâneas na Sociedade Parisiense de Estudos Espíritas, afirmando o seguinte:

> Quanto mais perseguições houver, tanto mais depressa esta sublime doutrina chegará ao apogeu.

> Esse fato brutal, incrível nos tempos atuais, foi consumado a fim de atrair a atenção dos jornalistas que ficavam indiferentes ante a profunda agitação reinante nas cidades e centros espíritas.

Allan Kardec, preocupado com a agressão sofrida e a repercussão internacional do fato, decidiu consultar o espírito A Verdade, quando tinha a intenção de reclamar a restituição das obras espíritas apreendidas. A resposta foi surpreendente:

> Por direito, podes reclamá-las e conseguirias que te fossem restituídas, se te dirigisses ao ministro de estrangeiros da França. Mas, ao meu parecer, desse auto-de-fé resultará maior bem do que o que adviria da leitura de alguns volumes. A perda material nada é, a par da repercussão que semelhante fato produzirá em favor da doutrina. Deves compreender quanto uma perseguição tão ridícula, quanto atrasada, poderá fazer a bem do progresso do espiritismo na Espanha. A queima dos livros determinará uma grande expansão das ideias espíritas e uma procura febricitante das obras dessa doutrina. As ideias se disseminarão lá com maior rapidez e as obras serão procuradas com maior avidez, desde que as tenham queimado. Tudo vai bem.

BIBLIOGRAFIA
KARDEC, Allan. *Obras Póstumas*. Segunda parte:
Auto-de-fé em Barcelona.

KARDEC, Allan. *Revista Espírita – Jornal de Estudos Psicológicos*.
Vol. 1861. Novembro e dezembro de 1861.

35

VISITA A BORDEAUX

Allan Kardec realizou, em outubro de 1861, uma visita a Bordeaux, onde constatou que a aceitação da doutrina espírita havia tomado proporções imponentes em todas as classes sociais e era encarada sob um ponto de vista sério, resultado de suas aplicações morais.

Nas reuniões espíritas em que participou, constatou o mais edificante recolhimento, um ar de benevolência mútua e um ambiente simpático que inspirava cordialidade e confiança.

Os médiuns eram numerosos nas sessões espíritas e pertenciam a todas as classes e idades, e a ambos os sexos. Eles obtinham comunicações sérias e instrutivas dos bons espíritos.

Na Reunião Geral dos Espíritas Bordeleses, em 14 de outubro de 1861, Allan Kardec comoveu-se com o discurso do senhor Sabó, ressaltando a grandeza dos ensinamentos dos bons espíritos; e com o texto lido pelo doutor em medicina Bouché de Vitray, contendo considerações importantes sobre o valor do espiritismo para os homens.

Nessa ocasião, Allan Kardec pronunciou o seu próprio discurso, tratando da amplitude dos ensinos dos espíritos; do seu trabalho de coordenação da doutrina para torná-la clara e inteligível para todos; dos avanços que o espiritismo vinha experimentando em toda parte, apesar das tentativas de seus inimigos em barrá-los; da importância da união dos espíritas em torno da bandeira "Amor e caridade"; e da força dos pequenos grupos espíritas que se ligam pelos laços da harmonia e da fraternidade.

Allan Kardec deu ainda a conhecer a epístola do espírito Erasto dirigida aos espíritas de Bordeaux, escrita antes da sua partida de Paris. Era um estímulo à união dos espíritas pela prática das virtudes cristãs.

No banquete organizado pelos espíritas bordeleses e oferecido em homenagem a Allan Kardec, além do discurso de Allan Kardec, ocorreram o discurso e o brinde do senhor Lacoste; o brinde do senhor Sabó; o discurso do senhor Desqueyroux em nome de um grupo de operários que havia descoberto a grandiosidade do espiritismo; e as poesias declamadas pelo senhor Dombre, de Marmande, vindo a Bordeaux para essa importante solenidade.

Nessa viagem a Bordeaux, Allan Kardec foi testemunha ocular de que a aceitação e o crescimento do espiritismo não se restringiam a Paris.

BIBLIOGRAFIA
KARDEC, Allan. *Revista Espírita – Jornal de Estudos Psicológicos.* Vol. 1861. Novembro de 1861.

36

CONSELHOS AOS ESPÍRITAS

Allan Kardec estava preocupado em organizar a rápida expansão do espiritismo, em função do surgimento de grande número de médiuns, da adesão de muitas pessoas à doutrina e da formação de numerosos grupos espíritas em diversas partes da França e do exterior.

Por isso, decidiu apresentar os seguintes conselhos aos espíritas:

• A formação das sociedades espíritas deve estar pautada nas instruções e nas orientações contidas em *O Livro dos Médiuns*, as quais estão consagradas pela experiência;

• Os espíritas que se sentirem isolados, pela ausência de médiuns e de co-participantes, devem trabalhar por conta própria, inteirando-se da doutrina pela leitura e pela meditação das obras espíritas. Assim, poderão espalhar ao redor as luzes espirituais;

• O espiritismo não deve ser imposto. As pessoas é que devem vir a ele em busca do que não encontram em outras filosofias;

• As grandes reuniões são menos favoráveis às belas comunicações dos espíritos. Por isso, os pequenos grupos e os grupos particulares devem se multiplicar;

• Quando um grupo se tornar muito numeroso, deve dar origem a novos grupos que, por sua vez, formarão outros;

• A uniformidade da doutrina será completa se todos os adeptos seguirem a linha traçada em *O Livro dos Espíritos* e em *O Livro dos Médiuns*;

• Os grupos constituídos devem buscar a homogeneidade e a simpatia entre os componentes. Assim, haverá recolhimento, comunhão de pensamento e exame escrupuloso das comunicações e dos fenômenos espíritas;

• Os grupos devem ser formados por espíritas-cristãos verdadeiros. Isso é indispensável para que admirem e pratiquem a moral espírita, aceitem as consequências morais da doutrina e tomem a caridade como a principal regra de conduta;

• Os grupos espíritas devem ser compostos por adeptos sinceros, que levem a doutrina a sério e que tenham um caráter conciliatório e benevolente;

• A ordem e a regularidade dos trabalhos são essenciais. Cada reunião deve ser aberta com a leitura de algumas passagens de *O Livro dos Médiuns* e de *O Livro dos Espíritos*, para que os presentes tenham à memória os princípios da ciência e os meios de evitar os escolhos encontrados na prática;

• As comunicações recebidas dos espíritos devem ser recolhidas em pastas, por ordem de data e com indicação do médium que serviu de intermediário. Isso encoraja os espíritos a transmitir as suas instruções aos assistentes;

• As instruções dos espíritos de interesse geral devem ser levadas ao conhecimento de todos pela publicidade;

• Os grupos espíritas independentes deveriam constituir um grupo central. Este seria formado de delegados de todos os grupos. Nele, poderiam ser pronunciados discursos e lidas as comunicações mais notáveis ou apropriadas às circunstâncias;

• As manifestações físicas dos espíritos podem ser úteis, quando existam bons médiuns de efeitos físicos; mas as comunicações inteligentes devem ser as preferíveis, sobretudo as que têm alcance moral e filosófico. Este é o objetivo essencial e definitivo do espiritismo;

• O melhor critério para a constatação da verdade está na concordância dos princípios ensinados sobre os diversos pontos, por espíritos diferentes e por meio de médiuns estranhos uns aos outros.

BIBLIOGRAFIA
KARDEC, Allan. *Revista Espírita – Jornal de Estudos Psicológicos.*
Vol. 1861. Dezembro de 1861.

37

O ESPIRITISMO NA SUA EXPRESSÃO MAIS SIMPLES

Allan Kardec anunciou, na *Revista Espírita* de dezembro de 1861, o lançamento de sua nova obra: *O Espiritismo na sua Expressão Mais Simples*.

Era um livreto que se tornaria disponível ao público a partir de 15 de janeiro de 1862, a um preço promocional, pois o objetivo era apresentar ao leitor um quadro sucinto do histórico do espiritismo e dar-lhe uma ideia clara da doutrina dos espíritos, a ponto de compreender o seu alcance moral e filosófico.

O teor da obra, pela clareza e simplicidade no estilo, estava ao alcance de todas as inteligências, de forma que poderia ser usada pelos espíritas verdadeiros na propagação do espiritismo.

Allan Kardec, nessa obra, resumiu a forma de surgimento da doutrina espírita e os ensinamentos dos espíritos em três capítulos: Histórico do espiritismo; Resumo dos ensinamentos dos espíritos; e Máximas extraídas dos ensinamentos dos espíritos.

Em apenas trinta páginas, ele colocava o conhecimento espírita ao alcance principalmente dos iniciantes aos estudos doutrinários, permitindo que tivessem uma visão ampla da doutrina, em um curto espaço de tempo, e que tomassem conhecimento dos seguintes pontos importantes:

• O fenômeno das mesas girantes despertou o interesse de pessoas sérias que passaram a estudá-lo;

• A busca por uma causa inteligente para a animação inteligente das mesas girantes acabou estabelecendo uma conversação com o ser que movimentava as mesas;

- O método de conversação empregado estabelecia um determinado número de pancadas com os pés da mesa, para designar um sim ou um não ou para indicar as letras do alfabeto. Assim, foram obtidas respostas amplas às perguntas que eram formuladas;
- Dessa forma, o ser que produzia o fenômeno das mesas girantes passou a responder com presteza e precisão as perguntas que lhe eram endereçadas;
- Foi o próprio ser inteligente que se manifestava através das mesas girantes que declarou ser um espírito, pertencente ao mundo invisível;
- Depois disso, as comunicações com os espíritos foram se tornando populares, despertando o interesse de muitas outras pessoas para o estudo do fenômeno espírita;
- Ocorreu uma inovação nas comunicações com os espíritos quando um deles pediu a adaptação de um lápis em uma cesta ou prancheta, de forma que as pessoas, colocando seus dedos nela, poderiam obter, em folhas de papel, letras, palavras e frases escritas de uma forma bem definida;
- Apenas algumas pessoas tinham o poder de provocar a manifestação dos espíritos à vontade e passaram a ser designadas com o nome de médiuns;
- Mais tarde, houve a constatação de que os espíritos podiam atuar diretamente sobre o braço do médium para dirigir a sua mão e escrever com um lápis textos completos sobre os mais variados assuntos;
- Essa facilidade na comunicação com os espíritos despertou a curiosidade em se conhecer a natureza dos espíritos e suas condições de vida no mundo espiritual;
- Os interrogatórios contínuos aos espíritos, através de diferentes médiuns, levaram à constituição do espiritismo;
- Com o questionamento aos espíritos, constatou-se que eles são as almas dos homens que viveram na Terra ou em outros mundos e que, com a morte, se despojaram do corpo material;
- Constatou-se ainda que o homem, por sua vez, é constituído por três elementos: a alma ou espírito, que é o princípio inteligente e a sede do pensamento, da vontade e do senso moral; o perispírito, que é o envoltório fluídico e permanente do espírito; e o corpo material, que é o envoltório perecível do espírito, do qual se despoja com a morte;
- Com a popularização das manifestações dos espíritos verificou-

-se que eles podem se manifestar aos homens de várias maneiras, mas sempre se servindo dos médiuns como intermediários;

• Comprovou-se ainda que os espíritos, por serem as almas dos homens, conservam na vida além-túmulo as suas qualidades e as suas imperfeições intelectuais e morais;

• Dessa forma, se encontram em diferentes graus de bondade ou de maldade, de saber ou de ignorância;

• Os espíritos de ordem elevada transmitiram instruções sábias e instrutivas sobre os mais variados assuntos, através de diferentes médiuns, permitindo a constituição do espiritismo com seu caráter filosófico, moral e religioso;

• A existência de Deus é o mais importante princípio do espiritismo. Ele criou tanto a matéria, que permite a constituição dos mundos; quanto os espíritos, que são os seres inteligentes da obra da Criação. Tudo que existe está submetido aos desígnios, à vontade e às leis de Deus;

• Deus impõe a encarnação aos espíritos como meio necessário ao seu desenvolvimento intelectual e moral;

• O aperfeiçoamento do espírito depende não só da sua encarnação, mas muito mais de seu próprio esforço;

• Não existe um número determinado de encarnações que um espírito precisa passar, para atingir a perfeição espiritual;

• Ao assumir um novo corpo material, o espírito traz consigo o cabedal de aquisições intelectuais e morais que conquistou nas suas existências anteriores;

• No intervalo das existências corpóreas, o espírito vive a vida espiritual que é a normal e eterna;

• Na vida espiritual, os espíritos podem ser felizes ou infelizes, dependendo do bom ou do mau aproveitamento que fizeram da existência corporal;

• Os espíritos podem encarnar em diferentes mundos, que estão apropriados aos seus graus de adiantamento intelectual e moral;

• A Terra é um mundo habitado por espíritos ainda atrasados, que enfrentam provas ou expiações para evoluir;

• O espiritismo, pelos conhecimentos que propicia, melhora os homens sob o ponto de vista moral e intelectual, aproximando-os da felicidade;

- O espírita verdadeiro tem o dever de praticar a caridade, pois o espiritismo tem por máxima ou lema: "fora da caridade não há salvação".

BIBLIOGRAFIA

KARDEC, Allan. *O Espiritismo em sua Mais Simples Expressão.*

KARDEC, Allan. *Revista Espírita – Jornal de Estudos Psicológicos.* Vol. 1861. Dezembro de 1861.

38

DOUTRINA DOS ANJOS DECAÍDOS

Allan Kardec decidiu reafirmar os seguintes princípios do espiritismo, que divergem dos adotados pela doutrina dos anjos decaídos. Os ensinamentos dos espíritos superiores e as luzes lançadas pela doutrina espírita sobre os Anjos estavam pautados na lógica e na razão e eram mais coerentes com o poder infinito e os atributos de Deus:

• Os anjos não são seres de criação privilegiada;

• Os anjos são espíritos chegados à perfeição por esforços e méritos próprios;

• Deus criou os espíritos simples e ignorantes para progredirem sem retrogradar, isto é, jamais perderem as qualidades adquiridas;

• Os espíritos progridem tanto intelectual, quanto moralmente;

• Em virtude do livre-arbítrio, uns espíritos tomam o bom caminho, enquanto que outros seguem um caminho errado;

• Mas, mesmo assim, depois de uma sequência ilimitada de existências corpóreas, realizadas na Terra e em outros mundos, esses espíritos que tomaram o mau caminho depuram-se e chegam à perfeição, que os aproxima de Deus;

• Numa nova encarnação, mesmo temporariamente colocado numa posição social inferior, o espírito nada perde daquilo que já adquiriu;

• Seu desenvolvimento moral e intelectual continua o mesmo, seja qual for o meio em que se ache colocado;

• As almas dos homens já viveram em épocas remotas e foram bárbaras, como o seu século, mas progrediram com as reencarnações;

• Em cada nova existência corpórea trouxeram as aquisições das existências anteriores;

• Consequentemente, as almas dos tempos civilizados não foram criadas mais perfeitas do que as que viveram em séculos passados;

• Elas se aperfeiçoaram com o passar do tempo, com as conquistas intelectuais e morais e as experiências que adquiriram, promovendo o progresso social.

BIBLIOGRAFIA
KARDEC, Allan. *Revista Espírita – Jornal de Estudos Psicológicos.* Vol. 1862. Janeiro de 1862.

39

MILAGRES

Allan Kardec vinha sendo provocado a apresentar os milagres que o espiritismo havia realizado, como prova de que seus ensinos estavam pautados na verdade.

Em função disso, apresentou a seguinte resposta, num artigo intitulado "O espiritismo é provado por milagres?":

> Confessamos humildemente que não temos o mais insignificante milagre para oferecer; mais ainda: o espiritismo não se apoia em nenhum fato miraculoso; seus adeptos não fizeram, nem têm a pretensão de fazer qualquer milagre; não se julgam bastante dignos para que, à sua voz, Deus mude a ordem eterna das coisas.

> O espiritismo constata um fato material – o da manifestação das almas ou espíritos.

> Observadas em nossos dias com mais cuidado que na antiguidade; observadas sobretudo sem prevenções e com o auxílio de investigações tão minuciosas quanto as que são feitas nos estudos científicos, tais manifestações têm como consequência provar, de modo irrecusável, a existência de um princípio inteligente fora da matéria, a sua sobrevivência ao corpo, a sua individualidade após a morte, a sua imortalidade, o seu futuro feliz ou infeliz – por conseguinte, a base de todas as religiões.

> Em resumo, para se estabelecer, o espiritismo não reivindica a ação de nenhum milagre; nada quer mudar na ordem das coisas; procurou e encontrou a causa de certos fenômenos, erradamente conside-

rados sobrenaturais; em vez de apoiar-se no sobrenatural, o repudia por conta própria; dirige-se ao coração e à razão; a lógica lhe abriu o caminho, a lógica o levará a bom termo.

BIBLIOGRAFIA
KARDEC, Allan. *Revista Espírita – Jornal de Estudos Psicológicos.*
Vol. 1862. Fevereiro de 1862.

40

EXCESSO DE CORRESPONDÊNCIAS RECEBIDAS

Allan Kardec, em função do número excessivo de correspondências recebidas, em curto espaço de tempo, pediu, da seguinte forma, a compreensão dos seus correspondentes para a impossibilidade de respondê-las, da forma como gostaria:

Há seis meses, com a melhor vontade do mundo, é-me impossível pôr em dia a minha correspondência, que se acumula além de todas as previsões.

No momento, já me encontro ante um passivo de mais de duzentas cartas. Ora, sendo a média diária de dez, não vejo meio de me libertar, se me não concederdes um *sursis* ilimitado.

Só a correspondência absorveria e ultrapassaria todo o meu tempo; entretanto ela apenas constitui a quarta parte de minhas obrigações para com a tarefa que empreendi e cujo desenvolvimento eu estava longe de prever no início de minha carreira espírita.

Assim, várias publicações importantes se acham paradas por falta de tempo para nelas trabalhar e dos meus guias espirituais acabo de receber um convite premente para me ocupar das mesmas sem demora, deixando tudo o mais por causas urgentes.

Forçoso me é, pois, a menos que falhe na realização da obra tão felizmente iniciada, operar uma espécie de liquidação epistolar para o passado e limitar-me, para o futuro, às respostas estritamente necessárias e pedir, coletivamente, aos meus distintos correspondentes, aceitem a expressão de minha viva e sincera gratidão pelos testemunhos de simpatia que me dão.

BIBLIOGRAFIA
KARDEC, Allan. *Revista Espírita – Jornal de Estudos Psicológicos*.
Vol. 1862. Março de 1862.

41

REENCARNAÇÃO E LAÇOS DE FAMÍLIA

Alguns opositores da doutrina espírita defendiam a ideia de que a reencarnação rompia com os laços de família. Então, Allan Kardec contestou essa ideia infundada, da seguinte forma:

• Sem a reencarnação existe apenas um parentesco corporal, pela transmissão de moléculas orgânicas;

• Com a reencarnação, há um parentesco espiritual;

• A reencarnação possibilita a conquista de uma nobreza mais meritória e aceita por Deus, que a transmitida pelos antepassados: a da alma haver animado uma série de homens de bem;

• A alma será feliz se puder depor aos pés do Eterno o tributo dos serviços feitos à Humanidade, em cada uma de suas existências materiais;

• O mérito da alma é proporcional ao número de existências materiais;

• Se o pai transmitisse a seu filho os princípios de sua alma, necessariamente transmitiria suas virtudes e seus vícios, seus talentos e sua inépcia, como lhe transmite certas enfermidades congênitas;

• Sem a reencarnação, como, então, explicar por que homens virtuosos ou de gênio têm filhos maus ou cretinos e vice-versa? Por que uma linhagem seria misturada de bons e de maus?;

• Com a reencarnação, cada alma é individual e tem existência própria e independente. Ela progride em virtude de seu livre-arbítrio, por uma série de existências corporais, em cada uma das quais adquire algo de bom e deixa algo de mal, até que tenha atingido a perfeição;

• Com a reencarnação, tudo se explica, tudo se acomoda à razão, à justiça de Deus, mesmo em proveito do amor-próprio;

• Sem a reencarnação, a gente se bate, cada passo, contra dificuldades insolúveis, que só a preexistência da alma resolve de maneira ao mesmo tempo simples, lógica e completa, porque dá a razão de tudo.

Além disso, ainda em defesa do princípio da pluralidade das existências materiais, Allan Kardec publicou na *Revista Espírita* de março de 1862, uma extensa dissertação sobre "A reencarnação", recebida em Haya, pelo médium barão de Kock, contendo os seguintes pontos:

A doutrina da reencarnação é uma verdade incontestável. Desde que o homem apenas quer pensar no amor, na sabedoria e na justiça de Deus, não pode admitir outra doutrina.

Estais convencidos do amor de Deus para com as criaturas; Ele só deseja a felicidade de seus filhos. Ora, o único meio que têm de um dia atingir a essa suprema felicidade está inteiramente nas encarnações sucessivas.

Como conciliar a justiça e o amor de Deus com uma existência única, na qual todos nascem em posições diferentes? Onde um é rico e grande, enquanto que outro é pobre e miserável? Em que um goza saúde, ao passo que outro é afligido por doenças de toda a sorte? Aqui se encontram o prazer e a alegria; mais longe a tristeza e a dor; nuns a inteligência é bem desenvolvida; noutros, apenas se alça acima dos brutos. É possível crer que um Deus todo amor tenha feito nascer criaturas condenadas por toda a vida ao idiotismo e à demência? Que tenha permitido que crianças na primavera da vida fossem arrebatadas à ternura de seus pais? Ouso mesmo perguntar se se poderia atribuir a Deus o amor, a sabedoria e a justiça à vista desses povos mergulhados na ignorância e na barbárie, comparados às nações civilizadas, onde reinam as leis, a ordem, onde se cultivam as artes e as ciências? Não basta dizer: "Em sua sabedoria, Deus assim regulou as coisas." Não; a sabedoria de Deus que, antes de tudo, é amor, deve tornar-se clara para o entendimento do homem. O princípio da reencarnação tudo esclarece.

Deus criou todos os espíritos iguais, simples, inocentes, sem vícios e sem virtudes, mas com o livre-arbítrio de regular suas ações conforme um instinto, que se chama consciência, e que lhes dá o poder de distinguir o bem e o mal.

Cada espírito está destinado a atingir a mais alta perfeição, depois de Deus e do Cristo. Para a atingir, deve adquirir todos os conhecimentos pelo estudo de todas as ciências, iniciar-se a todas as verdades, depurar-se pela prática de todas as virtudes.

Ora, como as qualidades superiores não se pode obter numa vida única, todos devem percorrer várias existências, a fim de adquirirem os diversos graus de saber.

BIBLIOGRAFIA
KARDEC, Allan. *Revista Espírita – Jornal de Estudos Psicológicos.*
Vol. 1862. Março de 1862.

42

ENTERROS

A Sociedade Parisiense de Estudos Espíritas havia perdido dois membros muito queridos, respeitados e ilustres: o senhor Jobard, em novembro de 1861, e o senhor Sanson, em abril de 1862, mobilizando os espíritas para as cerimônias de sepultamento.

Inclusive neste último enterro, Allan Kardec proferiu um discurso que se tornou uma declaração pública da fé ou convicção espírita na existência da alma ou espírito, na sua sobrevivência à morte do corpo e na sua situação feliz ou infeliz, conforme o bem ou o mal que houver praticado na vida material. Além disso, o próprio Allan Kardec dirigiu a Deus uma prece em favor da alma do senhor Sanson.

Contrapondo-se a essas perdas materiais, ocorreram diversas comunicações espontâneas e foram realizadas evocações dos espíritos do senhor Jobard e do senhor Sanson, na Sociedade, através de diferentes médiuns. Isso permitiu a obtenção de informações importantes a respeito da situação desses espíritos na vida espiritual, ampliando e fortalecendo os conhecimentos espíritas.

As impressões reveladas pelo espírito senhor Jobard a respeito do momento da entrada da sua alma no mundo espiritual foram marcantes: sentiu um abalo estranho. De repente, lembrou-se de seu nascimento, de sua juventude e de sua idade madura. Toda a sua vida avivou-se claramente em sua memória. Depois que esse tumulto se acalmou, sentiu-se livre, podendo perceber que o seu corpo material jazia inerte e que desfrutava da embriaguez de ter se desvencilhado do peso do corpo e de poder abarcar o espaço. Em seguida, viu-se entre diversos espíritos e sentiu simpatia por todos "os irmãos que havia deixado no exílio". Foi recebido também pelos espíritos que haviam sido evocados e pelos que participavam dos trabalhos na Sociedade. Viu o esplendor da vida espiritual, mas não o podia descrever.

Allan Kardec, em função da importância para a causa espírita, publicou na Revista Espírita de março de 1862, a longa palestra que manteve com o espírito senhor Jobard, bem como os resultados obtidos com as evocações realizadas, comprovando a sua identidade, por inúmeros detalhes pessoais, e reafirmando a verdade dos princípios do espiritismo.

Já na *Revista Espírita* de maio e junho de 1862, Allan Kardec publicou o resultado das evocações do espírito senhor Sanson, feitas na Sociedade Parisiense de Estudos Espíritas, em 25 de abril e 2 de maio.

Com essas palestras familiares de além-túmulo, Allan Kardec descortinou, em detalhes, a situação do espírito recém-desencarnado, que conservava a forma humana no perispírito e que fora acolhido pelos espíritos protetores e amigos.

BIBLIOGRAFIA
KARDEC, Allan. *Revista Espírita – Jornal de Estudos Psicológicos.*
Vol. 1862. Maio e junho de 1862.

43

BALANÇO DO PROGRESSO DO ESPIRITISMO

Allan Kardec, em seu discurso de início do quinto ano das atividades da Sociedade Parisiense de Estudos Espíritas, em 1º de abril de 1862, apresentou um balanço do pleno florescimento do movimento espírita, contendo os seguintes pontos:

• A Sociedade havia superado problemas sérios do passado, por falta de seleção dos seus membros, e começava o novo ano sob os melhores auspícios;

• As intervenções dos guias espirituais foram sempre oportunas. Eles, através de comunicações espontâneas, orientavam os rumos da Sociedade, de forma a não entravar os desígnios superiores;

• O quadro de sócios havia chegado a um número expressivo, sem contar os membros correspondentes;

• As ideias espíritas estavam sendo livremente aceitas pela razão e pelo bom-senso;

• A ciência espírita estava sendo elaborada sobre estudos conscienciosos que tinham um fim essencialmente moral e filosófico;

• O princípio da reencarnação estava apoiado numa lógica inflexível e nenhuma contestação havia feito surgir um sistema mais racional para o substituir;

• Os inimigos do espiritismo lançavam suposições, pregadas por meio de discursos, pequenas brochuras, grossos volumes e artigos de jornais, afirmando que as manifestações dos espíritos eram exclusivamente manifestações do diabo. Porém, elas chocavam, por si só, contra os testemunhos do poder e da bondade de Deus. A ideia de atribuir ao diabo tudo quanto era de bom nas comunicações dos espíritos retirava o poder de Deus, desrespeitando-o e homenageando o diabo;

• Um número incalculável de novos grupos espíritas havia surgido em várias cidades da França e do estrangeiro, e estavam ligados entre si pela prática da caridade e do amor ao próximo;

• As comunicações dos espíritos adquiriram proporções e desenvolvimento que superavam todas as expectativas;

• As dissertações dos espíritos cuidavam das mais altas questões filosóficas e possuíam uma amplidão e profundidade que se convertiam em verdadeiros discursos;

• Os médiuns eram numerosos e de boa qualidade, a ponto de a Sociedade ter chegado a obter quatorze comunicações numa mesma sessão;

• Todos os membros da Sociedade se esforçavam para se tornar dignos da benevolente proteção dos bons espíritos e, em especial, do seu presidente espiritual, São Luís;

• O donativo de dez mil francos, recebido há cerca de dois anos, havia se prestado em muito ao desenvolvimento da Sociedade e da doutrina.

BIBLIOGRAFIA
KARDEC, Allan. *Revista Espírita – Jornal de Estudos Psicológicos.*
Vol. 1862. Junho de 1862.

44

NOVO MILIONÁRIO EM PARIS

Circulava pela França um boato dizendo que Allan Kardec havia vindo de Lyon para Paris e se tornado um novo milionário, em função das vendas de seus livros espíritas e das rendas obtidas com o espiritismo.

Comentava-se, sem que se pudesse definir a origem do rumor ou a autenticidade do falatório, que ele: possuía milhões, decorrentes do espiritismo; em sua casa tudo brilhava; pisava nos mais belos tapetes d'Aubusson; sendo um cidadão pobre em Lyon, passou a ter uma carruagem de quatro cavalos e a circular em Paris em um trem principesco; tinha acumulado uma fortuna que permitia pagar bem os seus agentes na província; vendia caríssimo os manuscritos de suas obras; e recebia *royalties*, apesar dos seus produtos serem vendidos a preços malucos.

Allan Kardec, por meio da *Revista Espírita* de junho de 1862, decidiu responder a essa calúnia que, provavelmente, tinha surgido numa grande cidade comercial. Então, disse que:

• Havia rido muito dos milhões que lhe eram atribuídos, pois estava longe de suspeitar que tinha tamanha fortuna;

• A prestação de contas que fazia à Sociedade Parisiense de Estudos Espíritas reduzia essa ilusão a uma realidade muito menos dourada;

• Ele jamais havia morado em Lyon;

• A sua equipagem de quatro cavalos se reduzia aos sendeiros de um fiacre que tomava apenas cinco ou seis vezes por ano, por economia;

• Os supostos milhões gerados pelo espiritismo era um verdadeiro milagre, porque não havia exemplo de que uma ideia filosófica pudesse gerar tanto dinheiro;

• As suas obras espíritas, ao invés de gerar fortuna, haviam exigido dedicação, esforços, tempo, vigílias e sacrifício do repouso e da saúde;

• O espiritismo não era um meio de enriquecimento material, mas sim de elevação moral;

• Ele não vendia os seus manuscritos, mas sim os havia doado pura e simplesmente no interesse da causa espírita, sem receber um tostão;

• Ele guardava as memórias de todas as suas relações e de seus negócios, sobretudo no que diz respeito ao espiritismo, visando acabar com equívocos e maledicências.

BIBLIOGRAFIA

KARDEC, Allan. *Revista Espírita – Jornal de Estudos Psicológicos.* Vol. 1862. Junho de 1862.

45

A ALMA E A VIDA MATERIAL
SOB O PONTO DE VISTA ESPÍRITA

Pelo fato de o espiritismo propiciar um ponto de vista sobre a alma e a vida material completamente diferente do apresentado pelas ideias filosóficas e religiosas até então predominantes, Allan Kardec decidiu evidenciá-lo da seguinte forma:

• A vida material não passa de um ponto no longo percurso da alma, que é o ser pensante e essencial;

• A alma possui uma existência que remonta a um passado longínquo e que se estende indefinidamente pelo futuro;

• O pensamento espírita sai do vale estreito da vida terrena, que é uma estação passageira, e se eleva na radiosa, esplêndida e incomensurável vida de além-túmulo, que é a vida real;

• A vida corpórea é uma necessidade para a alma, pois, no mundo material, ela realiza as funções que lhe são designadas pela Providência e busca o desenvolvimento de sua inteligência e o seu adiantamento moral e espiritual;

• A alma deve se preocupar com a sua felicidade na vida espiritual, mais do que com o seu bem-estar na existência terrena;

• A alma não deve se iludir com as satisfações materiais, mas sim trabalhar para a conquista do progresso intelectual e moral, para ser útil e realizar o bem;

• A alma deve suportar as tribulações, as decepções e os revezes da vida material com paciência, moderação, calma e serenidade, tirando deles o proveito para o seu progresso espiritual.

BIBLIOGRAFIA
KARDEC, Allan. *Revista Espírita – Jornal de Estudos Psicológicos.*
Vol. 1862. Julho de 1862.

46

SUICÍDIOS

Allan Kardec tratou da seguinte forma a questão complexa do suicídio, ao tomar conhecimento do elevado número deles na França, motivados pelas mais diversas causas:

• A incredulidade, a dúvida quanto ao futuro e as ideias materialistas são os maiores excitantes ao suicídio: elas dão a covardia moral;

• A propagação das ideias materialistas é o veneno que inocula em muitos a ideia do suicídio; e os que se tornam seus apóstolos assumem uma terrível responsabilidade;

• O espiritismo confirma e prova a existência da vida futura pelos fatos mais patentes que se possam apresentar: o testemunho daqueles que nela se acham;

• O espiritismo mostra a vida futura sob cores tão racionais, tão lógicas, que o raciocínio vem em apoio da fé;

• O espiritismo, ao eliminar a dúvida sob a vida futura, muda o aspecto da vida material: sua importância diminui em razão da certeza que se adquire de um futuro mais próspero;

• Para o espírita, a vida se prolonga indefinidamente para além do túmulo. Daí a paciência e a resignação que naturalmente desviam a ideia de suicídio; daí, numa palavra, a coragem moral;

• O espiritismo nos mostra os suicidas em pessoa, vindo dar conta de sua posição infeliz, mas com a diferença que as penas variam conforme as circunstâncias agravantes ou atenuantes, o que é mais conforme à justiça divina;

• Essas penas, em vez de serem uniformes, são a natural consequência da causa que provocou a falta, com o que não se pode deixar de aí ver uma soberana justiça distribuída com equidade;

• Entre os suicidas uns há cujo sofrimento, embora temporário, nem por isso é menos terrível e de natureza a dar a refletir a quem quer que se sinta tentado a partir daqui antes da ordem de Deus;

• O espírita tem vários motivos como contrapeso à ideia do suicídio: a certeza de uma vida futura, na qual sabe que será tanto mais feliz quanto mais infeliz e resignado tiver sido na Terra;

• O espírita tem a certeza de que, abreviando a vida material, chega a um resultado absolutamente oposto ao que esperava;

• O espírita sabe que com o suicídio se liberta de um mal para chegar a outro pior, mais longo e mais terrível; que não poderá rever no outro mundo os objetos de suas afeições, aos quais queria unir-se;

• O espírita conscientiza-se de que o suicídio é contra os seus interesses. Assim, o número de suicídios obstado pelo espiritismo é considerável;

• O espírita acredita no futuro, não pelos olhos da fé, mas pelos exemplos que tem à frente, de que na vida futura, à qual não se subtrai, é feliz ou infeliz, conforme o emprego que faça da vida corpórea;

• O espírita está ciente que a felicidade é proporcional ao bem que fizer. Ora, certo de viver depois da morte, e de viver muito mais tempo do que na Terra, é muito natural que pense em lá ser o mais feliz possível;

• O espírita sabe que lá será infeliz se não fizer o bem, ou mesmo se, não fazendo o mal, nada faz;

• O espírita compreende a necessidade de ter uma ocupação útil, que é o melhor preservativo contra a hipocondria;

• O espiritismo nos revela a causa primeira do suicídio – e só ele o poderia fazer. As tribulações da vida, por vezes são expiações de faltas cometidas em vidas passadas, e provas para o futuro;

• O próprio espírito escolhe as provas e expiações, visando progredir; mas pode acontecer que, posto na obra, ache a carga muito pesada e recue na sua execução;

• Então, recorrendo ao suicídio, retarda o seu progresso;

• Pode acontecer ainda que um espírito suicidou-se em precedente encarnação e, como expiação, é-lhe imposto, na seguinte, lutar contra a tendência para o suicídio;

• Se for vitorioso, progride; se for vencido, terá que recomeçar uma vida talvez mais penosa ainda que a precedente, e deverá lutar assim até que haja triunfado, pois toda recompensa na outra vida é fruto de uma vitória, e quem diz vitória, diz luta;

• O espírita encontra, pois, na certeza deste estado de coisas, uma força de perseverança que nenhuma outra filosofia lhe poderia dar.

Para comprovar esses ensinamentos do espiritismo, Allan Kardec publicou, na *Revista Espírita*, um artigo intitulado "Estudo moral: duplo suicídio por amor e dever", contendo o resultado da evocação do espírito senhora D..., mostrando, por meio de um depoimento pessoal, quantas angústias, sofrimentos e incertezas experimenta na vida espiritual um espírito infeliz que voluntariamente desertou da vida material.

BIBLIOGRAFIA

KARDEC, Allan. *Revista Espírita – Jornal de Estudos Psicológicos*. Vol. 1862. Julho de 1862.

47

ATITUDES E CONDUTAS
PERANTE AS PERSEGUIÇÕES

A questão das perseguições contra os espíritas, em certas localidades, estimuladas principalmente por religiosos preocupados com a rápida aceitação e propagação do espiritismo, vinha se tornando séria.

Os bons espíritos já tinham anunciado que os inimigos do espiritismo, ao sentirem a impotência da arma do ridículo, usariam as perseguições contra os seus adeptos, visando amedrontar, desunir as famílias, dar alfinetadas e lançar na miséria.

Alguns espíritas tinham sido expulsos da Igreja; outros foram ameaçados de perder o seu trabalho e a sua fonte de renda; alguns sentiram o desprezo público; outros viram suas crianças marginalizadas na escola; muitos foram impedidos de promover reuniões espíritas sob o pretexto de que a lei se opunha a tal ou de que eram conspiração contra o governo.

Perante essas perseguições, os espíritas deveriam manter a atitude moral elevada, por conhecerem a influência moralizadora do espiritismo e saberem perdoar os seus inimigos.

Allan Kardec salientou ainda que os benefícios que os espíritas colhiam com a sua adesão ao espiritismo estavam acima dos prejuízos sofridos com as perseguições; que um sentimento de caridade deveria prevalecer, por compreenderem bem a doutrina espírita; que era natural que os espíritas tivessem inimigos, pois o próprio Cristo os havia tido; e que o dever dos espíritas perante os que faziam perseguições por verem o espiritismo prosperar era perdoar e pagar o mal com o bem.

Além disso, os espíritas deveriam suportar as perseguições com esperança num futuro melhor, no qual veriam seus inimigos colherem a vergonha por terem usado arma tão cruel.

BIBLIOGRAFIA
KARDEC, Allan. *Revista Espírita – Jornal de Estudos Psicológicos*.
Vol. 1862. Setembro de 1862.

48

VIAGEM ESPÍRITA PELA FRANÇA

Allan Kardec recebeu um simpático convite dos espíritas de Lyon e Bordeaux, contendo quinhentas assinaturas, para visitá-los novamente. Em sua resposta, mostrou-se sensível ao testemunho de tamanha simpatia que lhe fora dado, aceitando o convite com prazer, pois se sentia feliz pela oportunidade de poder encontrar-se num meio em que os princípios do espiritismo eram praticados.

Allan Kardec pediu aos espíritas de Lyon que não preparassem um banquete, evitando despesas que poderiam impedir a presença de alguns e privá-lo do prazer de ver todos reunidos. A sua ida a Lyon não seria em busca de exibição, nem para receber homenagens. Pretendia levar o entendimento da doutrina, consolar os aflitos, encorajar os fracos e ajudar os presentes com os seus conselhos.

Allan Kardec, em resposta aos espíritas de Bordeaux, dirigiu-se especificamente ao senhor Sabô, pedindo também a dispensa do banquete. Desejava estar naquele meio não para receber ovações, mas para dar instruções e poder conversar. Qualquer recepção cerimoniosa estaria fora de seu caráter, de seus hábitos e princípios. Além disso, o dinheiro que iria ser gasto com a festa, poderia ser aplicado no alívio de muitos infortúnios e na alimentação daqueles a quem faltava o necessário.

Allan Kardec tornou público o resultado de sua "Viagem espírita em 1862", com as seguintes palavras:

> Acabamos de fazer uma visita a vários centros espíritas da França, lamentando que o tempo não nos tenha permitido ir a toda parte onde nos haviam convidado, nem prolongar nossa visita a cada localidade tanto quanto desejávamos, dada a acolhida simpática e fraterna, recebida em toda a parte.

Durante uma viagem de mais de seis semanas e um percurso de 693 léguas, estivemos em vinte cidades e assistimos a mais de cinquenta reuniões. O resultado nos deu uma satisfação moral, sob o duplo aspecto das observações colhidas e da constatação dos imensos progressos do espiritismo.

O relato dessa viagem, que compreende principalmente as instruções por nós dadas nos vários grupos, é muito extenso para ser publicado na *Revista*, pois absorveria quase dois números. Fazemos uma separata, do mesmo formato, a fim de, caso necessário, a ela ser anexado.

Várias pessoas, principalmente na província, tinham pensado que o custo destas viagens corria por conta da Sociedade de Paris. Tivemos que explicar esse erro, sempre que se apresentou. Aos que pudessem ainda pensar assim, lembramos o que foi dito em outra ocasião (número de junho de 1862), que a Sociedade se limita a cobrir as despesas correntes e não possui reservas. Para que pudesse constituir um capital, teria que visar o número de associados: é o que não faz, nem quer fazer, pois seu objetivo não é a especulação; e o número de membros não dá importância aos seus trabalhos.

Sua influência é toda moral e o caráter de suas reuniões dá aos estranhos a ideia de uma assembleia grave e séria. Este o seu mais poderoso meio de propaganda. Assim, não poderia ela prover semelhante despesa. Os gastos de viagem, como todos os que necessitam as nossas relações para o espiritismo, são cobertos por nossos recursos pessoais e nossas economias, acrescidas do produto de nossas obras, sem o que ser-nos-ia impossível enfrentar todos os encargos consequentes da obra que empreendemos. Digo isto sem vaidade, mas unicamente em homenagem à verdade e para edificação dos que imaginam que entesouramos.

BIBLIOGRAFIA
KARDEC, Allan. *Revista Espírita – Jornal de Estudos Psicológicos.*
Vol. 1862. Setembro e novembro de 1862.

49

POSSESSÃO COLETIVA EM MORZINE

O caso dos possessos de Morzine teve uma enorme repercussão pública. Assim, Allan Kardec decidiu apresentar a teoria espírita sobre as causas da obsessão e os meios de as combater. Para isso, ressaltou os seguintes pontos importantes, explicando as influências e ações que os espíritos exercem sobre os homens:

• Os mundos visível e invisível se penetram e alternam incessantemente;

• Esses dois mundos na realidade constituem um só, em dois estados diferentes, existindo solidariedade entre ambos;

• Os espíritos são revestidos de um envoltório vaporoso, que lhes forma um verdadeiro corpo fluídico, ao qual damos o nome de perispírito;

• Os elementos que constituem o perispírito são tirados do fluido universal ou cósmico, princípio de todas as coisas;

• Quando o espírito se une a um corpo, aí vive com seu perispírito, que serve de ligação entre o espírito, propriamente dito, e a matéria corpórea: é o intermediário das sensações percebidas pelo espírito;

• O perispírito não está confinado no corpo, como numa caixa. Por sua natureza fluídica, ele irradia exteriormente e forma em torno do corpo uma espécie de atmosfera, como o vapor que dele se desprende;

• O vapor que se desprende de um corpo malsão é igualmente malsão, acre e nauseabundo, o que infecta o ar dos lugares onde se reúnem muitas pessoas malsãs;

• Assim como esse vapor é impregnado das qualidades do corpo, o perispírito é impregnado das qualidades, ou seja, do pensamento do espírito, e irradia tais qualidades em torno do corpo;

• Se um espírito quiser agir sobre uma pessoa, dela se aproxima, envolve-a com o seu perispírito, como num manto; os fluidos se penetram, os dois pensamentos e as duas vontades se confundem e, então, o espírito pode servir-se daquele corpo como se fora o seu próprio, fazê-lo agir à sua vontade, falar, escrever, desenhar etc. Assim são os médiuns;

• Se o espírito for bom, sua ação será suave e benéfica e só fará boas coisas; se for mau, fará maldades; se for perverso e mau, ele o constrange, até paralisar a vontade e a razão, que abafa com seus fluidos, como se apaga o fogo sob um lençol d'água. Fá-lo pensar, falar e agir por ele, leva-o contra a vontade a atos extravagantes ou ridículos; numa palavra, o magnetiza e o cataleptiza moralmente e o indivíduo se torna um instrumento cego de sua vontade;

• Tal é a causa da obsessão, da fascinação e da subjugação, que se mostram em diversos graus de intensidade;

• O paroxismo da subjugação é geralmente chamado possessão. Deve notar-se que, neste estado, muitas vezes o indivíduo tem consciência do ridículo daquilo que faz, mas é constrangido a fazê-lo, como se um homem mais vigoroso que ele fizesse, contra a vontade, mover os braços, as pernas, a língua;

• Os maus espíritos são inimigos invisíveis, tanto mais perigosos quanto não se suspeitava de sua ação. Pondo-os a descoberto, o espiritismo vem revelar uma nova causa de certos males da Humanidade. Conhecida a causa, não se buscará mais combater o mal por meios que, sabemos agora, são inúteis: procurar-se-ão outros mais eficazes. Ora, quem levou à descoberta desta causa? A mediunidade;

• Foi pela mediunidade que os inimigos ocultos atraíram sua presença. Ela fez para eles o que o microscópio para os infinitamente pequenos: revelou todo um mundo;

• O espiritismo não atraiu os maus espíritos: descobriu-os e forneceu os meios de lhes paralisar a ação e, consequentemente, os afastar. Ele não trouxe o mal, pois este sempre existiu. Ao contrário, trouxe o remédio ao mal, mostrando-lhe as causas;

• Uma vez reconhecida a ação do mundo invisível, ter-se-á a chave de uma porção de fenômenos incompreendidos e a ciência, enriquecida com esta nova lei, verá novos horizontes abertos à sua frente;

• Com um espírito não se luta corpo a corpo, mas de espírito a espírito; e ainda o mais forte será o vencedor. Aqui a força está na autoridade que se pode exercer sobre o espírito e tal autoridade está subordinada à superioridade moral. Esta, como o sol, dissipa o nevoeiro pela força de seus raios;

• É bom esforçar-se; tornar-se melhor se já se é bom; purificar-se de suas imperfeições; numa palavra, elevar-se moralmente o mais possível. Tal o meio de adquirir o poder de comandar os espíritos inferiores, para os afastar. Do contrário zombarão de vossas injunções (*O Livro dos Médiuns*, itens 252 e 279);

• Antes de esperar dominar o mau espírito, é preciso dominar-se a si mesmo. De todos os meios para adquirir a força de o conseguir, o mais eficaz é a vontade, secundada pela prece, entendida a prece de coração e não aquelas nas quais a boca participa mais que o pensamento;

• É necessário pedir a seu anjo de guarda e aos bons espíritos que nos assistam na luta. Mas não basta lhes pedir que expulsem o mau espírito: é necessário lembrar-se da máxima: "Ajuda-te, e o céu te ajudará"; e lhes pedir, sobretudo, a força que nos falta para vencer nossas más inclinações, que para nós são piores que os maus espíritos, pois são essas inclinações que os atraem, como a podridão atrai as aves de rapina;

• Orando também pelo espírito obsessor, pagamos com o bem o mal, mostramo-nos melhor que ele, o que já é uma superioridade;

• Com a perseverança a gente acaba, na maioria dos casos, por conduzi-lo a melhores sentimentos, transformando o obsessor em reconhecido;

• A prece fervorosa e os esforços sérios por se melhorar são os únicos meios de afastar os maus espíritos, que reconhecem como senhores aqueles que praticam o bem, ao passo que as fórmulas lhes provoca o riso. A cólera e a impaciência os excitam. É preciso cansá-los, mostrando-se mais pacientes;

• Por vezes, a subjugação chega a ponto de paralisar a vontade do obsedado e deste não se pode esperar nenhum concurso valioso. É sobretudo então que a intervenção de um terceiro se torna necessária, quer pela prece, quer pela ação magnética;

• Mas o poder dessa intervenção também depende do ascendente moral que o interventor possa ter sobre os espíritos;

• Certos estados mórbidos e certas aberrações, que são atribuídas a uma causa oculta, são, por vezes, devidas exclusivamente ao espírito do indivíduo. As contrariedades frequentemente concentradas em si próprio, os sofrimentos amorosos, principalmente, têm levado ao cometimento de muitos atos excêntricos, que erradamente são levados à conta de obsessão. Muitas vezes a criatura é seu próprio obsessor.

BIBLIOGRAFIA
KARDEC, Allan. *Revista Espírita – Jornal de Estudos Psicológicos.*
Vol. 1862. Dezembro de 1862.

50

ACIRRAMENTO DA LUTA CONTRA O ESPIRITISMO

Allan Kardec via-se constantemente no dever de defender publicamente a doutrina dos espíritos, em função das graves acusações, calúnias e malevolências que eram levantadas pelos seus opositores.

Eles espalhavam boatos de que os espíritas não admitiam o inferno; se fechavam em suas igrejas e em seus quartos para proferir preces estranhas; viviam separados de suas esposas e suas crenças serviam para desestruturar a vida em família e para aviltar a mulher; eram contra os laços de família, a propriedade privada e a constituição da sociedade organizada; pregavam o suicídio, o adultério e o aborto, além de preconizar o comunismo para dissolver a sociedade.

Allan Kardec, em resposta a essas calúnias, ressaltou que:

• Os espíritas não deveriam temer os ataques contra o espiritismo, enquanto os seus inimigos não o atingissem com armas melhores;

• Os adversários do espiritismo agiam com grande desespero, porque sentiam o rápido desenvolvimento da doutrina e a sua rápida penetração em todas as camadas da sociedade;

• Se o espiritismo fosse obra do diabo, como diziam os seus opositores, como explicar o grande respeito que os espíritas têm pela Divindade?;

• Os ensinamentos espíritas afirmam que não existe nenhum ser capaz de lutar contra e vencer a Deus, que é soberano e nada acontece sem a sua permissão;

• O espiritismo se espalha com a rapidez de um raio, apesar do forte combate estabelecido pelos seus adversários, porque ele é a vontade de Deus;

• As calúnias, os ataques infundados e os argumentos falsos levantados pelos adversários do espiritismo demonstram claramente que eles não têm boas razões para combatê-lo, mas somente más intenções;

• A doutrina espírita, pelo que ela ensina, pela consolação que oferece e pela liberdade que propicia, serve de alavanca para o progresso moral da Humanidade;

• Os opositores do espiritismo, ao negarem as manifestações dos espíritos, na realidade estão negando o que está nas Escrituras e, consequentemente, a base da maioria dos dogmas religiosos;

• Os sermões que são realizados contra o espiritismo têm efeito oposto: eles despertam a atenção do público para os princípios da doutrina espírita, levando-a a ganhar terreno incessantemente. Portanto, o melhor a fazer é deixar que os inimigos do espiritismo ajam livremente.

BIBLIOGRAFIA
KARDEC, Allan. *Revista Espírita – Jornal de Estudos Psicológicos.*
Vol. 1863. Fevereiro de 1863.

51

LOUCURA ESPÍRITA

Allan Kardec teve que rebater, da seguinte forma, as acusações supostamente científicas de que o espiritismo poderia ser uma das causas mais fecundas para a alienação mental:

• Muitas pessoas violentas e irascíveis tornam-se mansas e boas com o espiritismo;

• Entre as pessoas não espíritas não se encontram só criaturas amáveis e benevolentes;

• Em muitas famílias, o espiritismo restabeleceu a paz e a união;

• Os adversários do espiritismo que intimam os operários a não irem às reuniões espíritas, pois poderiam perder a razão ou outras coisas, sem dúvida acham que eles se conservariam melhor indo ao cabaré do que ficando em casa;

• Mil causas acidentais podem produzir a loucura. A prova é que havia loucos antes que se tratasse de espiritismo, e nem todos os loucos são espíritas;

• O espiritismo conta em suas fileiras com grande número de médicos ilustres e muitos dos grupos e sociedades espíritas são presididos por médicos. Eles, que também são homens de ciência, chegam a conclusões contrárias de que a doutrina espírita produz loucos;

• É verdadeiramente curioso ver certos adversários, que não creem nos espíritos nem em suas manifestações, acreditar que o espiritismo seja uma causa de loucura;

• Se as crenças espíritas são quimeras e nada têm de real, como poderiam produzir a loucura ou alguma outra coisa?;

• O espiritismo não é causa do aumento da loucura, mas sim

uma causa atenuante, pois diminui o número dos casos de loucura produzidos pelas causas ordinárias;

• Entre as causas para a loucura devem ser colocados em primeira linha os desgostos de toda natureza, as decepções, as afeições contrariadas, os revezes da fortuna e as ambições frustradas, que agem na razão da impressionabilidade do indivíduo;

• Atenuando essa impressionabilidade, temos, sem dúvida, o melhor preservativo para a loucura. Ora! Este meio está no espiritismo, o qual amortece o contra-golpe moral que faz suportar com resignação as vicissitudes da vida;

• Aquele que se teria suicidado por um revés, adquire, com a crença espírita, uma força moral que o leva a receber o mal com paciência. Não só não se matará, mas, em presença da maior adversidade, conservará a razão fria, porque tem uma fé inalterável no futuro;

• O espiritismo dá fé aos que em nada creem; espalha uma crença que torna os homens melhores uns para os outros; ensina o perdão aos inimigos e a tratá-los como irmãos, sem distinção de raça, casta, seita, cor, opinião política ou religiosa; faz nascer no homem o verdadeiro sentimento de caridade, de fraternidade e dos deveres sociais;

• A teoria espírita está baseada em fatos, sobre milhares de fatos que se repetem todos os dias e que são observados por milhões de pessoas, conduzindo à conclusão segura de que o espiritismo produz o bem.

BIBLIOGRAFIA
KARDEC, Allan. *Revista Espírita – Jornal de Estudos Psicológicos.*
Vol. 1863. Fevereiro de 1863.

52

CRUZADA CONTRA O ESPIRITISMO

Allan Kardec, enfrentando uma verdadeira cruzada movida contra a doutrina espírita, relacionou os seguintes pontos que deveriam ser observados pelos espíritas:

• Neste momento, em que há uma verdadeira cruzada contra o espiritismo, conforme havia sido anunciada, de vários pontos assinalam-se escritos, discursos e até atos de violência e de intolerância;

• Todos os espíritas devem alegrar-se com isso, porque é prova evidente que o espiritismo não é uma quimera. Por que fariam tanto barulho por causa de uma mosca que voa?;

• A razão para essa cruzada é muito simples: reconheceu-se prontamente tudo quanto há de mais profundamente religioso na doutrina espírita, que toca as cordas mais sensíveis do coração, que eleva a alma ao infinito, que faz reconhecer Deus àqueles que o haviam desconhecido;

• A doutrina espírita arrancou tantos homens do desespero, acalmou tantas dores, cicatrizou tantas feridas morais, que as piadas tolas e vulgares a ela atiradas inspiram mais desgosto que simpatia;

• Tudo o que se passa foi previsto e deve servir para o bem da causa espírita;

• Quando o espírita vir uma grande manifestação hostil, longe de se apavorar, deve alegrar-se, pois já foi dito: o ronco do trovão será o sinal da aproximação dos tempos preditos;

• O espírita deve orar; orar sobretudo pelos inimigos. Deve jamais recorrer à perseguição, pois é dar prova de que se conta pouco com a força da lógica. Deve jamais usar as represálias. Deve à violência opor a doçura e uma inalterável tranquilidade. Deve fazer aos inimigos o bem, em troca do mal recebido;

• Com essas atitudes, o espírita dará um desmentido às calúnias, forçando os opositores a reconhecer que as crenças espíritas são melhores do que eles dizem;

• O espiritismo é obra sólida; seus princípios são formulados com clareza, precisão e sem ambiguidades. A calúnia não poderá, pois, atingi-lo. Para convencer sobre uma impostura basta dizer: leia e veja;

• O espírita deve deixar para os adversários a cólera e as injúrias; e deve guardar para si o papel da força verdadeira: o da dignidade e da moderação;

• O espírita não deve lamentar pelas falsificações que são apresentadas: elas não tiram nenhuma das qualidades do espiritismo; ao contrário, elas fazem-no sobressair com mais brilho pelo contraste, deixando confusos os caluniadores;

• Neste momento de transição, ocorre a luta entre o passado, que se debate e puxa para trás, e o futuro que nasce e empurra para frente. O passado é velho e caduco – quanto às ideias – enquanto o futuro é jovem e marcha para a conquista do progresso, que está nas leis de Deus. Vão-se os homens do passado; chegam os do futuro;

• O espírita deve saber esperar com confiança e felicitar-se por ser o pioneiro encarregado de preparar o novo terreno;

• A existência do espírito é inerente à espécie humana; não é possível evitar que exista, como não se pode impedir a sua manifestação, do mesmo modo que não se impede o homem de marchar;

• Ninguém pode opor-se ao desenvolvimento de uma lei da natureza. Sendo obra de Deus, insurgir-se contra essa lei é revoltar-se contra Deus;

• Essas considerações explicam a inutilidade dos ataques dirigidos contra o espiritismo. O que têm os espíritas a fazer em presença dessas agressões é continuar pacificamente seus trabalhos, sem presunção, com calma e confiança dadas pela certeza de chegar ao fim;

• A recomendação é que o espírita deve refletir maduramente antes de agir. Em tais casos manda a prudência não se bastar à opinião pessoal;

• De todos os lados se formam grupos ou sociedades espíritas. Assim, nada mais simples do que se reunir antes de agir;

• Tendo em vista o bem da causa espírita, o verdadeiro espírita deve saber fazer abnegação do amor-próprio;

• Para não dar força aos inimigos, o espírita não deve cometer o grave erro de crer-se obrigado a publicar tudo quanto ditam os espíritos, porque, se os há bons e esclarecidos, também os há maus e ignorantes. Importa fazer uma escolha muito rigorosa de suas comunicações; afastar tudo quanto for inútil, insignificante, falso ou de natureza a produzir má impressão. É necessário semear, sem dúvida, mas semear boa semente e em tempo oportuno;

• O espiritismo se distingue de todas as outras filosofias por não ser a concepção filosófica de um homem só. Cada um pode receber o seu ensino em todos os cantos da Terra, por meio de *O Livro dos Espíritos*;

• Esse livro, escrito sem equívocos possíveis e ao alcance de todas as inteligências, será sempre a expressão clara e exata da doutrina, e a transmitirá intacta aos que viverem depois.

BIBLIOGRAFIA
KARDEC, Allan. *Revista Espírita – Jornal de Estudos Psicológicos.*
Vol. 1863. Março de 1863.

53

SUICÍDIO DE SUPOSTOS ESPÍRITAS

Allan Kardec teve de esclarecer e rebater, com os seguintes argumentos, a acusação contra o espiritismo de que um casal de idosos havia se suicidado em decorrência de suas práticas espíritas.

Pouca importância estava sendo dada ao fato do casal estar experimentando a falência financeira, com a consequente perspectiva da miséria, perseguição dos credores, amargura, perda da coragem e desequilíbrio na razão:

> O ardor dos adversários em recolher e, sobretudo, em desnaturar os fatos que julgam comprometer o espiritismo, é verdadeiramente incrível.
>
> Está num ponto que, em breve, não haverá mais nenhum acidente pelo qual ele não seja responsável.
>
> Notemos de começo que se os dois indivíduos pretendiam fazer evocações, é que realmente não as faziam; abusavam dos outros ou enganavam-se a si mesmos. Portanto, se não faziam evocações reais, era uma quimera, e os espíritos não lhes podem ter dado maus conselhos.
>
> Eram espíritas, isto é, espíritas de coração ou de nome? O artigo [do jornal *Le Monde*] constata que eram estranhos a toda ideia cristã; e mais, que passavam por mestres hábeis e consumados na magia. Ora, é constante que o espiritismo é inseparável das ideias religiosas e, sobretudo, cristãs; que a negação destas é a negação do espiritismo; que condena as práticas de magia, com as quais nada tem de comum; que denuncia como supersticiosa a crença na virtude dos talismãs, fórmulas, sinais cabalísticos e palavras sacramentais. Portanto, aquelas pessoas não eram espíritas, pois estavam em contradição com os princípios do espiritismo.

Além disso, diz o artigo que em casa deles faziam aos espíritos perguntas de toda espécie. O espiritismo diz expressamente que não se podem dirigir aos espíritos toda sorte de perguntas; que eles vêm para nos instruir e tornar melhores e não para se ocuparem de interesses materiais; que é um engano ver nas manifestações um meio de conhecer o futuro, descobrir tesouros ou heranças, fazer invenções ou descobertas científicas para ilustrar-se ou enriquecer sem trabalho. Numa palavra, que os espíritos não vêm dizer a *buena-dicha*. Assim, fazendo aos espíritos perguntas de toda espécie, o que é muito real, os indivíduos provavam sua ignorância quanto aos fins do espiritismo.

Outra prova de que aqueles indivíduos ignoravam um dos pontos fundamentais da doutrina espírita é que o espiritismo prova, não por simples teoria moral, mas por exemplos numerosos e terríveis, que o suicídio é severamente castigado; que aquele que julga escapar às misérias da vida por uma morte voluntária antecipada aos desígnios de Deus, cai num estado muito mais infeliz. Sabe, pois, o espírita, sem sombra de dúvida, que pelo suicídio troca-se um mau estado passageiro por outro pior e mais duradouro. É o que teriam sabido aquelas criaturas se tivessem conhecido o espiritismo.

BIBLIOGRAFIA

KARDEC, Allan. *Revista Espírita – Jornal de Estudos Psicológicos.*
Vol. 1863. Abril de 1863.

54

REFUTAÇÃO DAS CRÍTICAS CONTRA O ESPIRITISMO

Allan Kardec apresentou os seguintes argumentos incontestáveis em defesa às críticas e acusações que eram levantadas pelos opositores do espiritismo:

CRÍTICA: O espiritismo é uma mistura de horrores que só a loucura pode justificar.

As prédicas não detiveram o crescimento do espiritismo. Se as prédicas vêm de Deus e o espiritismo do diabo, é que este é mais poderoso que Deus. Nada mais teimoso que um fato. A propagação do espiritismo, por força mesma das prédicas, mostra que os argumentos por ele dados são mais convincentes que os dos adversários.

CRÍTICA: Somente as pessoas insensatas ousam chamar os mortos para conversar.

Conversar com os mortos não é a marca do século, desde que a história de todos os povos prova que isto tem sido em todos os tempos. A única diferença é que hoje isto é feito em toda a parte sem os acessórios supersticiosos com que outrora cercavam as evocações; faz-se com um sentimento mais religioso e mais respeitoso. Se os mortos vêm conversar conosco, só pode ser com a permissão de Deus, a menos que se admita que venham sem essa permissão, ou contra a sua vontade, o que implicaria que Deus não se importa com isso ou que os evocadores são mais poderosos que Deus. Seria profanação chamá-los levianamente, por motivos fúteis e, sobretudo, para fazer disto profissão lucrativa. Todas essas coisas nós condenamos e não assumimos responsabilidade pelos falsos devotos, que da religião só têm a máscara, que pregam o que não praticam ou que especulam com as coisas santas.

CRÍTICA: A doutrina espírita prega a moral da caridade, mas pode chamar-se moral uma doutrina que nega as penas eternas?

Se a moral espírita conduz a fazer o bem sem temor das penas eternas, não tem senão maior mérito. A crença nas penas eternas, talvez útil em outras épocas, passou da moda; extingue-se dia a dia e, por mais que fizerdes, não dareis vida a um cadáver, como não fareis reviver os usos, costumes e ideias medievais.

CRÍTICA: Os magistrados são responsáveis por todo o mal que a heresia espírita atrai sobre as nossas cabeças.

Se, na França, os magistrados fossem encarregados de perseguir os heréticos espíritas, entre os quais há católicos, protestantes e judeus, os heréticos seriam assim encarregados de eles próprios se perseguirem e se condenarem. E os há entre os funcionários dos mais altos níveis.

CRÍTICA: Os espíritas não somente são passíveis da polícia correcional, da Corte Imperial, mas são passíveis do tribunal civil, porque são falsários: assinam comunicações em nome de honradas figuras que certamente não as teriam assinado em vida.

Os espíritas estão realmente muito felizes que Confúcio, Sócrates, Platão, Santo Agostinho, São Vicente de Paulo, Fénelon etc., não possam vir lhes mover processos por crimes de falsificação de escritos. Se nos acusam de fazer Santo Agostinho dizer algo de heterodoxo, também encontramos jurados que nos absolvam.

CRÍTICA: Para interditar os malefícios espíritas, poderia se postar um sargento à entrada de cada grupo espírita para dizer: não se entra!

Os espíritos forçam todas as detenções e entram em qualquer parte sem pedir permissão, mesmo em vossa casa, pois os tendes ao vosso lado, escutando-vos, sem que o suspeiteis e, o que mais é, vos falam ao ouvido. Repassai bem vossas lembranças e vereis que tendes tido mais que uma manifestação sem buscá-las. Os grupos espíritas não são absolutamente necessários: são apenas reuniões onde se sentem felizes por encontrar-se pessoas que pensam do mesmo modo. O espiritismo se prega por si mesmo e pela força das coisas, porque responde a uma necessidade da época; suas ideias estão no ar e são aspiradas por todos os poros da inteligência; o contágio está no exemplo dos que são felizes com essas crenças, e que são encontrados por toda a parte, na sociedade, sem ter que procurá-los nos grupos. Admitindo a interdição de todas as reuniões, os espíritas ficariam livres para se reunirem em família, como se faz em milhares de lugares, sem que nada sofra o espiritismo. O espiritismo agrada porque não se impõe; é aceito pela vontade e o livre exame. Nisto ele é de nossa época. Agrada pela doçura, pelas consolações que proporciona nas adversidades, pela inabalável fé que dá no futuro, na bondade e na misericórdia de Deus. Demais, ele se apoia em fatos patentes, materiais, irrecusáveis, que desafiam toda negação. Eis o segredo de sua tão rápida propagação.

CRÍTICA: Com o espiritismo, os ensinamentos da Igreja estão comprometidos.

Pensamos que não. Mas com o furor que atacam o espiritismo, só faltam as grandes execuções da Idade Média. Os sermões, as instruções pastorais lançam raios em toda a linha; as brochuras e artigos de jornais chovem como granizo, na maioria com um cinismo de expressões pouco evangélico. Em vários deles é uma raiva que toca o frenesi. Por que, então, essa exibição de força e tanta cólera? Porque dizemos que Deus perdoa ao arrependimento e as penas só serão eternas para os que jamais se arrependerem; e porque proclamamos a clemência e a bondade de Deus, somos heréticos votados à execração e a sociedade está perdida. Perguntamos por que esse desencadeamento contra o espiritismo, e não contra tantas outras teorias filosóficas ou religiosas muito menos ortodoxas? Para recrutar partidários temos mil vezes menos trabalho do que vós para os desviar. Contentamo-nos em dizer: "Lede: e se isto vos convém, voltai a nós." Fazemos mais, dizendo: "Lede os prós e os contras e comparai." Respondemos aos vossos ataques sem fel, sem animosidade, sem azedume, porque não temos cólera. Longe de nos lamentarmos da vossa, nós a aplaudimos, porque ela serve à nossa causa.

CRÍTICA: O espiritismo nega a divindade do Cristo.

Se disséssemos, por exemplo, que o Cristo não tinha chegado à perfeição, que tinha tido necessidade das provas da vida corpórea para progredir; que a sua paixão tinha sido necessária para subir em glória, teríeis razão, porque dele faríamos nem mesmo um espírito puro, enviado à Terra com missão divina, mas um simples mortal, a quem era necessário o sofrimento a fim de progredir. Onde encontrais que tenhamos dito isto? Então! Aquilo que jamais dissemos, que jamais diremos, sois vós que dizeis.

CRÍTICA: Com o espiritismo, a imortalidade da alma se reduz a uma permanência material, sem identidade moral, sem consciência do passado.

O espiritismo jamais disse que a alma ficasse sem consciência do passado. Ela perde momentaneamente a sua lembrança, durante a vida corpórea, mas quando o espírito entra na vida primitiva (na vida espírita), todo seu passado se desdobra em sua frente: vê as faltas cometidas, e que são causa de seu sofrimento, e o que o teria podido impedi-lo de as cometer. Compreende que a posição que lhe foi dada é justa, e então procura a existência que poderia reparar a que acaba de escoar-se. (*O Livro dos Espíritos*, item 393). Desde que há lembrança do passado, consciência do ser, há, então, identidade moral. Desde que a vida espiritual é a vida normal do espírito, que as existências corpóreas não passam de pontos na vida espírita, a imortalidade não se reduz a uma permanência material. Como se vê, o espiritismo diz tudo ao contrário.

CRÍTICA: O espiritismo baseia-se no mais grosseiro materialismo, porque admite o perispírito, que tem propriedades materiais.

Jamais o espiritismo confundiu a alma com o perispírito, que não passa de um invólucro, como o corpo material é um outro.

BIBLIOGRAFIA

KARDEC, Allan. *Revista Espírita – Jornal de Estudos Psicológicos*. Vol. 1863. Maio e junho de 1863.

55

CACETADAS DOS ESPÍRITOS

Allan Kardec se viu na obrigação moral de esclarecer a interpelação feita por um dos correspondentes de uma cidade do Midi, a respeito de um boato engraçado que ali circulava.

Corria na localidade a seguinte novidade constrangedora, ocorrida com Allan Kardec numa reunião espírita:

> O senhor Kardec evita contar em sua *Revista* todas as mistificações e tribulações que experimenta.
>
> Sabei, por exemplo, que no ano passado, no mês de setembro, numa reunião de cerca de trinta pessoas, havida em casa do sr. Kardec, todos os assistentes foram mimoseados a cacetadas pelos espíritos?
>
> Eu estava em Paris na ocasião e ouvi os detalhes de uma pessoa que acabara de assistir à reunião, e que me mostrou na espádua o lugar machucado por violenta cacetada recebida:
>
> – Eu não vi a bengala – disse-me ela –, mas senti a pancada.
>
> Desnecessário dizer-vos que desejo ser esclarecido sobre este ponto e que vos seria muito reconhecido pelas explicações que tiverdes a bondade de me dar. Etc.

Allan Kardec, em resposta séria a essa ponderada solicitação, apresentou a seguinte defesa:

> Se o caso relatado houvesse acontecido, como pretende a pessoa tão bem informada, eu não teria deixado passar em silêncio, porque seria um fato capital, do qual não se poderia duvidar, pois, como foi dito, havia trinta testemunhas levando no lombo a prova da existência dos espíritos.
>
> Infelizmente, para o vosso narrador, não há uma só palavra verdadeira na história.

Dou-lhe um desmentido formal, bem como àquele que afirma ter assistido à sessão e desafio a ambos a virem sustentar o que dizem perante a Sociedade de Paris, como o fazem a duzentas léguas.

Os contadores de história não pensam em tudo e caem em suas próprias armadilhas. É o que ocorre neste caso, porque há, para o fato tão positivamente afirmado por uma testemunha que se diz ocular, uma impossibilidade material: é que a Sociedade suspende suas sessões de 15 de agosto a 1º de outubro; que partindo de Paris no fim de agosto só voltei a 20 de outubro; consequentemente, no mês de setembro estava em plena viagem. Como vedes, é um álibi dos mais autênticos.

Se, pois, a pessoa em questão levasse nas espáduas a marca de bengaladas desde que não houve reunião em minha casa, ela as recebeu alhures e, não querendo dizer onde nem como, achou interessante acusar os espíritos, o que era menos comprometedor e evitava qualquer explicação.

BIBLIOGRAFIA
KARDEC, Allan. *Revista Espírita – Jornal de Estudos Psicológicos.*
Vol. 1863. Maio de 1863.

56

PRINCÍPIO DA NÃO-RETROGRADAÇÃO DO ESPÍRITO

Em função do princípio espírita da progressão incessante e da perfectibilidade do espírito, Allan Kardec desenvolveu, da seguinte forma, o tema, eliminando dúvidas, principalmente quanto a suposta volta do espírito à animalidade:

• Os espíritos não retrogradam, isto é, jamais perdem o progresso realizado;

• Os espíritos podem ficar momentaneamente estacionários. Mas de bons jamais podem tornar-se maus, nem de sábios, ignorantes;

• Esse princípio da não-retrogradação do espírito só se aplica ao estado moral, uma vez que ele pode ver alterada a sua situação material: de boa pode tornar-se má, se ele a tiver merecido;

• Deus pode, depois de um determinado tempo de provas, retirar de um mundo certos espíritos que não tiveram progredido moralmente, por o desconhecerem e tiverem se rebelado contra as suas leis;

• Então, terão de expiar os seus erros e o seu endurecimento moral num mundo inferior, entre seres menos adiantados, em condições mais penosas pela natureza primitiva do globo;

• Porém, mesmo assim, serão o que eram antes, em termos intelectuais e morais;

• Em suma, estarão na posição de um homem civilizado forçado a viver entre os selvagens ou de um homem educado, condenado à sociedade dos forçados;

• Eles perderam a posição e as vantagens materiais, mas não regrediram ao estado intelectual e moral primitivo. De adultos não se tornaram crianças;

• Eis o que se deve entender pela não-retrogradação do espírito;

• Não tendo aproveitado bem o tempo, é para eles um trabalho a recomeçar;

• Em sua bondade, Deus não os quer deixar por mais tempo entre os bons, cuja paz perturbam. Por isso os envia entre homens os quais terão por missão fazê-los progredir, ensinando-lhes o que sabem. Por esse trabalho poderão eles próprios adiantar-se e se resgatarem, expiando as faltas passadas. Amontoando virtudes, podem pagar as dívidas;

• A encarnação é uma necessidade para o espírito. Realizando a sua missão providencial, trabalha em prol do seu próprio adiantamento, pela atividade e pela inteligência que deve desenvolver, a fim de prover à sua vida e ao seu bem-estar;

• Mas a encarnação pode tornar-se uma punição quando, não tendo feito o que devia, o espírito é constrangido a recomeçar sua tarefa, tornando suas existências corpóreas penosas por sua própria culpa;

• Cada existência material, por pior que seja, é uma ocasião de progresso para o espírito. Ele desenvolve a sua inteligência, adquire experiência e conhecimentos que, mais tarde, o ajudarão a progredir moralmente.

BIBLIOGRAFIA
KARDEC, Allan. *Revista Espírita – Jornal de Estudos Psicológicos.*
Vol. 1863. Junho de 1863.

57

RENDIMENTOS FABULOSOS
DO SENHOR KARDEC

Allan Kardec foi surpreendido com a publicação de uma brochura, em Argel, que tentava provar que ele tinha rendimentos fabulosos com o espiritismo.

O autor desse trabalho inusitado calculava que os sócios da Sociedade de Paris geravam receitas anuais de 63 mil francos, sem contar as taxas de admissão; que os 30 mil assinantes da *Revista Espírita* geravam uma renda de 300 mil francos.

Evidentemente, descontando dessa renda anual de 363 mil francos as despesas com aluguel, salários dos secretários, tesoureiros, criados, médiuns e os custos da *Revista*, as quais eram estimadas em 112 mil francos, sobrava para Allan Kardec um lucro anual líquido de 251 mil francos. Além disso, a este lucro deveria ser adicionado o lucro da venda de *O Livro dos Espíritos* e de *O Livro dos Médiuns*.

Da forma que o espiritismo estava virando epidemia, a renda dos diretores das sociedades espíritas em breve atingiria 100 milhões anuais. Apenas a renda de Allan Kardec, como soberano pontífice, alcançaria 38 milhões de francos.

Se o espiritismo chegasse a conquistar toda a França, essa renda dobraria; e se a Europa se infestasse com as ideias espíritas, a renda poderia ser contada em bilhões de francos.

Allan Kardec, surpreendido com tais números, contestou-os da seguinte forma:

• Certo que não nos daremos ao trabalho de combater os cálculos, que se refutam pelo próprio exagero;

• Os números provam uma coisa: o pavor que causa aos adversários a rápida propagação do espiritismo, a ponto de os levar a dizer as maiores inconsequências;

• Se o autor tivesse tido o trabalho apenas de ler o relatório da Sociedade, publicado na *Revista* de 1862, poderia ter feito uma ideia mais exata de seus recursos, e do que se chama o orçamento do espiritismo;

• Colhendo informações corretas, e não em sua imaginação, o autor teria sabido que a Sociedade se coloca oficialmente entre as sociedades científicas;

• Assim, nem é uma confraria nem uma congregação, mas simples reunião de pessoas que se ocupam do estudo de uma ciência nova, que aprofunda; que, longe de visar o número, mais prejudicial do que útil aos trabalhos, ela se restringe em vez de crescer, pela dificuldade de admissões; que, em vez de 3.000 sócios, jamais teve cem; que não remunera nenhum dos seus funcionários, nem presidentes, nem vice-presidentes ou secretários; que não emprega médium pago e sempre se levantou contra a exploração da mediunidade; que jamais percebeu um cêntimo dos visitantes que admite em pequeno número, e jamais abriu suas portas ao público; que fora dos membros recebidos, nenhum espírita lhe é tributário; que os sócios honorários não pagam qualquer quota; que entre ela e as outras sociedades não existe qualquer filiação ou solidariedade material; que o produto das quotas jamais passa pelas mãos do presidente; que toda despesa, por menor que seja, só é feita com o visto do comitê; enfim, que seu orçamento de 1862 foi fechado com um encaixe de 429 fr. 40 c.;

• Quanto aos 30.000 assinantes da *Revista*, nós os desejamos;

• Os adversários nada poderiam fazer de melhor para seu descrédito, mostrando a que tristes expedientes se reduziram a fim de nos atacar e a que ponto o sucesso das ideias novas os espanta. Ele os faz perder a cabeça.

BIBLIOGRAFIA
KARDEC, Allan. *Revista Espírita – Jornal de Estudos Psicológicos.*
Vol. 1863. Junho de 1863.

58

SEIS PERÍODOS DO ESPIRITISMO

Allan Kardec estabeleceu seis períodos para o espiritismo:

1. PERÍODO DA CURIOSIDADE
Foi o primeiro período, caracterizado pelo fenômeno das manifestações físicas dos espíritos e das mesas girantes.

2. PERÍODO FILOSÓFICO
Foi o período iniciado com o aparecimento de *O Livro dos Espíritos*. Então o espiritismo adquiriu um caráter inteiramente novo, assentado na fé e na consolação. A partir dele, o seu progresso foi tão rápido que nenhuma outra doutrina filosófica ou religiosa ofereceu exemplo igual.

3. PERÍODO DE LUTA
Foi o período em que os adversários estabeleceram uma verdadeira cruzada contra o espiritismo. Eles reagiram violentamente ao verem-no propagar-se em todas as camadas da sociedade e em todas as partes do mundo, assumindo um lugar de destaque entre as crenças humanas e conquistando uma grande quantidade de adeptos. Esse período teve início a 9 de outubro de 1860, com o auto-de-fé de Barcelona. Então, o sarcasmo foi substituído pelos sermões furibundos, os mandamentos, as anátemas, as excomunhões, as perseguições individuais, os livros, as brochuras, os artigos de jornais, as calúnias e a guerra subterrânea.

4. PERÍODO RELIGIOSO

Uma nova fase estava para se abrir para o espiritismo, levando-o ao seu período religioso.

5. PERÍODO INTERMEDIÁRIO

Será uma consequência do período religioso. Mais tarde, no momento apropriado, este período deverá receber a sua denominação característica.

6. PERÍODO DA REGENERAÇÃO SOCIAL

Este sexto e último período será marcado pelo desaparecimento de todos os obstáculos à nova ordem de coisas queridas por Deus, para a transformação da Terra. Uma nova geração estará imbuída das ideias novas e terá a força necessária para estabelecer a vitória definitiva da união, da paz e da fraternidade entre os homens. Então, todos estarão confundidos numa mesma crença, pela prática da lei evangélica.

Além de estabelecer esses seis períodos para o espiritismo, Allan Kardec fez os seguintes comentários sobre os três primeiros:

> É notável que as comunicações dos espíritos tenham tido em cada período um caráter especial: no primeiro eram frívolas e levianas; no segundo foram graves e instrutivas; desde o terceiro eles pressentiram a luta e suas várias peripécias.
> A maior parte das que se obtêm hoje nos diversos centros têm por objeto premunir os adeptos contra as manobras de seus adversários. Assim, por toda a parte são dadas instruções a este respeito, como por toda parte é anunciado um resultado idêntico. Esta coincidência, sobre este ponto de vista, como sobre muitos outros, não é um dos fatos menos significativos.

BIBLIOGRAFIA
KARDEC, Allan. *Revista Espírita – Jornal de Estudos Psicológicos*.
Vol. 1863. Dezembro de 1863.

59

DEDICAÇÃO AO TRABALHO

Allan Kardec, durante o ano de 1863, revelou uma enorme dedicação ao trabalho de desenvolvimento e de defesa do espiritismo.

Os incontáveis e surpreendentes ataques dos inimigos do espiritismo motivaram-no a examinar e explicar minuciosamente os princípios espíritas, para dirimir quaisquer dúvidas. Esse trabalho importante contribuiu para um melhor entendimento dos fundamentos do espiritismo e para que houvesse ainda maior aceitação da doutrina espírita por parte do público.

Graças a esse trabalho árduo, Allan Kardec tornou mais evidente os seguintes fatos espíritas:

• A pessoa incrédula muda radicalmente a sua posição ao constatar, com o espiritismo, a imortalidade da alma;

• Os ensinamentos do espiritismo sobre Deus atestam que eles não podem partir do diabo e nem vir diretamente do inferno;

• Os médiuns dão provas de que Deus não pôs uma barreira intransponível entre o mundo material e o mundo espiritual;

• O espiritismo mostra os perigos da obsessão e apresenta os meios de combatê-la;

• As evocações de espíritos de todas as ordens de elevação moral e intelectual permitem descortinar o mundo espiritual;

• Os espíritos promovem manifestações escritas espontâneas, abordando todos os assuntos que interessam aos homens;

• Inúmeras pessoas apresentam depoimentos revelando o quanto foram beneficiadas com os ensinamentos obtidos nas obras espíritas;

• Dentre os princípios do espiritismo, a pluralidade das existências corpóreas merece especial atenção, pelas explicações que oferece a inúmeros mistérios da vida material;

• O espírito encarnado pode se manifestar através de médiuns, enquanto ocorre o seu desprendimento parcial durante o sono do corpo material;

• Os espíritos elevados gostam de tratar das questões morais. Suas dissertações e lições espontâneas abordam temas como a indulgência, o bom uso da vontade e do livre-arbítrio, as expiações e as provas, as enfermidades, o arrependimento, a castidade, o dever e a alimentação;

• A literatura já conta com diversos livros e com muitas publicações relacionadas com o espiritismo;

• As notícias vindas de todas as partes do mundo atestam a grande expansão que o espiritismo vem experimentando;

• Os espíritos podem elaborar poesias;

• Os artigos doutrinários se prestam a orientar os adeptos sobre como devem praticar o espiritismo;

• Mesmo o falecimento de espíritas fervorosos serviu para o desenvolvimento da doutrina espírita, pois a evocação e a manifestação de suas almas revelaram as condições da vida espiritual;

• As palestras de além-túmulo mantidas com diversos espíritos serviram para revelar as diferentes situações dos espíritos na vida espiritual, em função das suas realizações na vida corporal;

• As manifestações físicas dos espíritos jamais pararam, embora tenham cedido espaço às manifestações inteligentes;

• A Sociedade Parisiense de Estudos Espíritas jamais fugiu ao debate das questões controversas e complexas que são verdadeiros enigmas da vida;

• Os espíritos podem realizar desenhos mediúnicos;

• Os médiuns orgulhosos estão mais sujeitos à influência e ação dos espíritos maus;

• A história revela muitos personagens que podem ser considerados como precursores do espiritismo;

• O espiritismo mantém relações com todas as áreas do conhecimento humano, notadamente com a filosofia;

• A proibição de se evocar os mortos, estabelecida por Moisés, não foi reafirmada por Jesus e estava condizente apenas com as condições do povo naquela época;

• Os ensinos obtidos dos espíritos têm uma forte ação moralizadora sobre o homem;

• Com o espiritismo tem-se uma previsão otimista para o futuro da Humanidade e da Terra.

BIBLIOGRAFIA

KARDEC, Allan. *Revista Espírita – Jornal de Estudos Psicológicos*. Vol. 1863.

60

DEUS E A CRIAÇÃO DE SERES PERFECTÍVEIS

Allan Kardec, em função das dúvidas surgidas a respeito de Deus ter criado os espíritos perfectíveis, respondeu, com os seguintes argumentos, à pergunta "Por que Deus não teria criado os espíritos perfeitos para lhes poupar o mal e todas as suas consequências?":

• Deus poderia, sem dúvida, ter criado os espíritos perfeitos, pois é todo-poderoso;

• Se Deus não criou os espíritos perfeitos, é que, em sua soberana sabedoria, julgou mais útil que fosse de outro modo;

• Já que não se pode admitir Deus sem o infinito das perfeições, sem a soberana bondade e a soberana justiça; desde que se tem sob os olhos, incessantemente, provas de sua solicitude pelas suas criaturas, deve-se pensar que essa solicitude não podia ter falhado na criação dos espíritos perfectíveis e não perfeitos;

• As leis de Deus são inteiramente justas e boas. Se o homem as observasse escrupulosamente, seria perfeitamente feliz. Mas a menor infração a essas leis causa uma perturbação cujo contragolpe experimenta. Daí todas as suas vicissitudes. É, pois, o próprio homem a causa do mal, por sua desobediência às leis de Deus;

• Deus criou o homem livre de escolher seu caminho. O que tomou o mau caminho o fez por sua vontade e não pode acusar senão a si próprio pelas consequências para si decorrentes;

• Pela categoria ainda inferior do planeta Terra, só vemos os espíritos que se encontram ainda nessa mesma categoria. É o que fez crer na necessidade do mal;

• Se pudéssemos abraçar o conjunto dos mundos, veríamos que os espíritos que ficaram no bom caminho percorrem as diversas fases de sua existência em condições completamente diversas e que, desde que o mal não é geral, não poderia ser indispensável;

• Há uma lei geral que rege os seres da criação, animados e inanimados. É a lei do progresso. Os espíritos a ela estão submetidos pela força das coisas;

• O mal não existe como necessidade na ordem das coisas. Ele é devido senão a espíritos prevaricadores. A lei do progresso absolutamente não os obriga a passar por esta fieira para chegar ao bem. Ela não os força senão a passar pelo estado de inferioridade intelectual ou, por outras palavras, pela infância espiritual;

• Criados simples e ignorantes, por isso imperfeitos, ou melhor, incompletos, os espíritos devem adquirir por si mesmos e por sua própria atividade, a ciência e a experiência que de início não podem ter;

• Se Deus tivesse criado os espíritos perfeitos, deveria tê-los dotado, desde o instante de sua criação, com a universalidade dos conhecimentos. Com isso, tê-los-ia isentado de todo trabalho intelectual; mas, ao mesmo tempo, lhes teria tirado toda a atividade que devem desenvolver para adquirir, e pela qual concorrem, como encarnados e desencarnados, ao aperfeiçoamento material dos mundos. Este não é trabalho dos espíritos superiores, que estão encarregados somente de dirigir o aperfeiçoamento moral;

• Em seu período de inferioridade, os espíritos tornam-se uma engrenagem essencial à obra geral da criação. Por outro lado, se Deus os tivesse criado infalíveis, isto é, isentos da possibilidade de fazer mal, eles fatalmente teriam sido impelidos ao bem como mecanismos bem montados, que fazem automaticamente obras de precisão;

• Então, não mais teriam o livre-arbítrio e, por consequência, não teriam mais independência. Ter-se-iam assemelhado a esses homens que nascem com a fortuna feita e se julgam dispensados de qualquer esforço;

• Deus, submetendo os espíritos à lei do progresso facultativo, quis que tivessem o mérito de suas obras, para ter direito à recompensa e a desfrutar a satisfação de haverem conquistado suas próprias posições;

• Sem a lei universal do progresso, aplicada a todos os seres, Deus teria tido que estabelecer uma outra ordem de coisas. Sem dúvida, Deus tinha essa possibilidade;

• Desde que não se pode conceber Deus sem a perfeição infinita, há que se concluir que o que fez é o melhor;

• Se ainda não estamos aptos a compreender os seus motivos, certamente podê-lo-emos mais tarde, num estado mais adiantado;

• Enquanto esperamos, se não pudermos sondar as causas, poderemos observar os efeitos e reconhecer que tudo no Universo é regido por leis harmônicas, cuja sabedoria e admirável previdência confundem o nosso entendimento.

BIBLIOGRAFIA

KARDEC, Allan. *Revista Espírita – Jornal de Estudos Psicológicos*. Vol. 1864. Março de 1864.

61

UNIVERSALIDADE DOS ENSINOS DOS ESPÍRITOS

Allan Kardec estabeleceu, da seguinte forma, o princípio da universalidade dos ensinos dos espíritos, sobre o qual a doutrina espírita foi edificada:

• Estamos longe de aceitar como verdades irrecusáveis tudo quanto os espíritos ensinam individualmente;

• Um princípio, seja qual for, para nós só adquire autenticidade pela universalidade do ensinamento dos espíritos, isto é, por instruções idênticas, dadas em diversos lugares, por médiuns estranhos uns aos outros, sem sofrer as mesmas influências, notoriamente isentos de obsessões e assistidos por espíritos esclarecidos;

• Por espíritos esclarecidos deve entender-se os que provam sua superioridade pela sua elevação de pensamento, o alto alcance de seus ensinos, jamais se contradizendo e jamais dizendo nada que a lógica mais rigorosa não possa admitir;

• Assim é que foram controladas as diversas partes da doutrina, formulada em *O Livro dos Espíritos* e em *O Livro dos Médiuns*;

• Graças à nossa posição, recebendo as comunicações de cerca de mil centros espíritas sérios, disseminados em diversos pontos do globo, estamos em condições de ver os princípios, sobre os quais houve concordância;

• Foi esta observação que nos guiou até hoje e nos guiará igualmente nos novos campos que o espiritismo é chamado a explorar;

• É assim que, desde algum tempo, observamos nas comunicações, vindas de vários lados, quer da França, quer do estrangeiro, uma tendência para o espiritismo entrar numa via nova, por meio de revelações de uma natureza toda especial;

• O controle universal do ensinamento dos espíritos é uma garantia para a futura unidade da doutrina espírita.

BIBLIOGRAFIA
KARDEC, Allan. *Revista Espírita – Jornal de Estudos Psicológicos.*
Vol. 1864. Março e abril de 1864.

62

LANÇAMENTO DO LIVRO *IMITAÇÃO DO EVANGELHO SEGUNDO O ESPIRITISMO*

Allan Kardec lançou, em abril de 1864, o livro *Imitação do Evangelho segundo o Espiritismo*, contendo a explicação das máximas morais do Cristo, sua concordância com o espiritismo e sua aplicação às várias situações da vida.

Tal obra ressaltava o ensino moral de Jesus, que era aceito por todos os cultos religiosos, e no qual os homens poderiam basear as suas regras de conduta, para melhorar as relações sociais. Assim, estariam na rota infalível da felicidade futura.

Allan Kardec, com esse novo trabalho, elucidou muitas passagens evangélicas obscuras, dando-lhes o verdadeiro sentido, com o novo enfoque propiciado pelos ensinos dos bons espíritos, através de diferentes médiuns.

Ele inseriu, em cada capítulo, as instruções ditadas por diversos espíritos, para evidenciar que não se tratava de uma obra pessoal, mas sim de um trabalho feito em conjunto com as "vozes do céu", para convidar os homens à imitação do Evangelho, no sentido de conformarem as suas condutas à moral do Cristo e à lei evangélica.

Allan Kardec vinha desenvolvendo esse novo trabalho desde que recebera dos bons espíritos indicações de que o espiritismo deveria entrar em um novo período: o período religioso.

Essa indicação ficou-lhe bem evidente quando recebeu do senhor Brion Dorgeval uma mensagem psicografada em Marselha, em 15 de abril de 1860, pelo médium senhor Jorge Genouillat, dizendo que:

O espiritismo é chamado a desempenhar imenso papel na Terra.

Ele reformará a legislação ainda tão frequentemente contrária às leis divinas; retificará os erros da história; restaurará a religião do Cristo, que se tornou, nas mãos dos padres, objeto de comércio e de tráfico vil; instituirá a verdadeira religião, a religião natural, a que parte do coração e vai diretamente a Deus, sem se deter nas franjas de uma sotaina, ou nos degraus de um altar. Extinguirá para sempre o ateísmo e o materialismo, aos quais alguns homens foram levados pelos incessantes abusos dos que se dizem ministros de Deus, que pregam a caridade com uma espada em cada mão, sacrificam às suas ambições e ao espírito de dominação os mais sagrados direitos da Humanidade.

Allan Kardec passou a elaborar esse livro novo no mais completo segredo, como ele próprio afirmou:

Nota – Eu a ninguém dera ciência do assunto do livro em que estava trabalhando. Conservara-lhe de tal modo em segredo o título, que o editor, sr. Didier, só o conheceu quando da impressão. Esse título foi, a princípio: *Imitação do Evangelho*.

Embora mantendo segredo sobre a elaboração desse novo livro, Allan Kardec, em 9 de agosto de 1863, através da mediunidade do senhor d'A... perguntou aos espíritos superiores o que eles pensavam a respeito da nova obra em que trabalhava naquele momento.

A resposta obtida foi surpreendente, pois, pelas atitudes que vinha adotando, ela jamais poderia ser fruto de ideias preconcebidas do médium:

Esse livro de doutrina terá considerável influência, pois que explanas questões capitais, e não só o mundo religioso encontrará nele as máximas que lhe são necessárias, como também a vida prática das nações haurirá dele instruções excelentes.

Fizeste bem enfrentando as questões de alta moral prática, do ponto de vista dos interesses gerais, dos interesses sociais e dos interesses religiosos.

A dúvida tem que ser destruída; a Terra e suas populações civilizadas estão prontas; já de há muito os teus amigos de além-túmulo as arrotearam; lança, pois, a semente que te confiamos, porque é tempo de que a Terra gravite na ordem irradiante das esferas e que saia, afinal, da penumbra e dos nevoeiros intelectuais.

Acaba a tua obra e conta com a proteção do teu guia, guia de todos nós, e com o auxílio devotado dos espíritos que te são mais fiéis e em cujo número digna-te de me incluir sempre. (...)

Aproxima-se a hora em que te será necessário apresentar o espiritismo qual ele é, mostrando a todos onde se encontra a verdadeira doutrina ensinada pelo Cristo. Aproxima-se a hora em que, à face do céu e da Terra, terás de proclamar que o espiritismo é a única tradição verdadeiramente cristã e a única instituição verdadeiramente divina e humana.

Ao te escolherem, os espíritos conheciam a solidez das tuas convicções e sabiam que a tua fé, qual muro de aço, resistiria a todos os ataques.

Entretanto, amigo, se a tua coragem ainda não desfaleceu sob a tarefa tão pesada que aceitaste, fica sabendo que foste feliz até o presente, mas que é chegada a hora das dificuldades. Sim, caro mestre, prepara-se a grande batalha; o fanatismo e a intolerância, exacerbados pelo bom êxito da tua propaganda, vão atacar-te e aos teus com armas envenenadas. Prepara-te para a luta. Tenho, porém, fé em ti, como tu tens fé em nós, e sei que a tua fé é das que transportam montanhas e fazem caminhar por sobre as águas.

Coragem, pois, e que a tua obra se complete. Conta conosco e conta sobretudo com a grande alma do Mestre de todos nós, que te protege de modo muito particular.

Em 14 de setembro de 1863, Allan Kardec recebeu de Paris, sem que o médium soubesse que estava trabalhando em seu retiro de Sainte-Adresse em um novo livro, a seguinte comunicação que comprovava mais uma vez a participação dos espíritos em seus trabalhos:

Quero falar-te de Paris, embora isso não me pareça de manifesta utilidade, uma vez que as minhas vozes íntimas se fazem ouvir em torno de ti e que teu cérebro percebe as nossas inspirações, com uma facilidade de que nem tu mesmo suspeitas.

Nossa ação, principalmente a do Espírito de Verdade, é constante ao teu derredor e tal que não a podes negar. Assim sendo, não entrarei em detalhes ociosos a respeito do plano de tua obra, plano que, segundo meus conselhos ocultos, modificaste tão ampla e completamente.

Compreendes agora por que precisávamos ter-te sob as mãos, livre de toda preocupação outra, que não a da doutrina. Uma obra como a que elaboramos de comum acordo necessita de recolhimento e de insulamento sagrado. Tenho vivo interesse pelo teu trabalho, que é um passo considerável para a frente e abre, afinal, ao espiritismo a estrada larga das aplicações proveitosas, a bem da sociedade.

Com esta obra, o edifício começa a libertar-se dos andaimes e já se lhe pode ver a cúpula a desenhar-se no horizonte. Continua, pois, sem impaciência e sem fadiga; o monumento estará pronto na hora determinada.

Já tratamos contigo das questões incidentes do momento, isto é, das questões religiosas. O Espírito de Verdade te falou das rebeliões que já se levantam na hora presente. (...)

Continua através da vida a obra a que outrora, diante do espírito que te ama e a quem venero, juramos consagrar as nossas forças e as nossas existências, até que ela se achasse concluída.

OBSERVAÇÃO DE ALLAN KARDEC: O plano da obra fora, de fato, completamente modificado, o que, sem dúvida, o médium não podia saber, pois que ele estava em Paris e eu em Sainte-Adresse. Tampouco podia saber que o Espírito de Verdade me falara da atitude de revolta do bispo de Argélia e outros. Todas essas circunstâncias eram bem urdidas para me comprovar que os espíritos tomavam parte de meus trabalhos.

Como resultado de seus esforços perseverantes e de seu trabalho incessante e árduo, Allan Kardec publicou o livro novo, demonstrando que o espiritismo não viera destruir as leis ou os ensinamentos religiosos e morais de Jesus, mas aclará-los, melhor explicá-los e complementá-los com as lições valiosas transmitidas pelos espíritos superiores, através de diferentes médiuns. Viera também restabelecer a confiança em Deus e convencer os homens da necessidade de se praticar a humildade, o perdão, a fé, a prece, o amor, a caridade, a justiça e as demais virtudes cristãs, que são indispensáveis à conquista da felicidade.

Allan Kardec, na *Revista Espírita* de dezembro de 1864, publicou, para apreciação de cada espírita esclarecido, mas ressaltando a elevação do pensamento, a nobreza e a simplicidade das expressões, a sobriedade da linguagem e a ausência de superfluidade, a seguinte comunicação de "O Espírito de Verdade", a respeito do livro *Imitação do Evangelho segundo o Espiritismo*, transmitida em Bordeaux, em maio de 1864, no Grupo de São João, através do médium senhor Rul:

Um novo livro acaba de aparecer; é uma luz mais brilhante que vem clarear a vossa marcha.

Há dezoito séculos vim, por ordem de meu Pai, trazer a palavra de Deus aos homens de vontade. Esta palavra foi esquecida pelo maior número, e a incredulidade, o materialismo vieram abafar o bom grão que eu tinha depositado em vossa terra.

Hoje, por ordem do Eterno, os bons espíritos, seus mensageiros, vêm a todos os pontos da Terra fazer ouvir a trombeta que retine. Escutai suas vozes; são destinadas a vos mostrar o caminho que conduz aos pés do Pai celeste. Sede dóceis aos seus ensinos; os tempos preditos são chegados; todas as profecias serão cumpridas.

Pelos frutos se reconhece a árvore. Vede quais são os frutos do espiritismo: casais onde a discórdia tinha substituído a harmonia voltaram à paz e à felicidade; homens que sucumbiam ao peso de suas aflições despertados aos acentos melodiosos das vozes de além--túmulo, compreenderam que seguiam caminho errado e, curando suas fraquezas, arrependeram-se e pediram ao Senhor a força para suportar suas provações.

Provações e expiações, eis a condição do homem na Terra. Expiação do passado, provações para o fortificar contra a tentação, para desenvolver o espírito pela atividade da luta, habituá-lo a dominar a matéria e prepará-lo para os prazeres puros, que o esperam no mundo dos espíritos.

Há várias moradas na casa de meu Pai, disse-lhes eu há dezoito séculos. Estas palavras o espiritismo veio fazê-las compreendidas. E vós, meus bem-amados, trabalhadores que suportais o calor do dia, que credes ter que vos lamentar da injustiça da sorte, abençoai vossos sofrimentos; agradecei a Deus, que vos dá meios de resgatar as dívidas do passado; orai, não com os lábios, mas com o coração melhorado, para vir ocupar melhor lugar na casa de meu Pai. Porque os grandes serão humilhados; mas, sabeis, os pequenos e os humildes serão exaltados.

O Espírito de Verdade

OBSERVAÇÃO DE ALLAN KARDEC: Se se compara às instruções que são dadas na *Imitação do Evangelho* (prefácio e cap. III: "O Cristo consolador"), e que levam a mesma assinatura, posto obtidas por médiuns diferentes e em épocas diversas, nota-se entre elas uma analogia marcante de tom, de estilo e de pensamentos, que acusa uma origem única. Para nós, dizemos que pode ser do Espírito de Verdade, porque é digna dele (...).

TERCEIRA EDIÇÃO

Allan Kardec, em novembro de 1865, lançou a terceira edição desse livro, com o título de *O EVANGELHO SEGUNDO O ESPIRITISMO*.

A obra havia sido completamente revista, corrigida e modificada. Houve algumas adições e uma classificação mais metódica, clara e cômoda das matérias, tornando a leitura mais fácil.

Com esta nova edição, que se tornou a definitiva, os ensinamentos religiosos, morais e espirituais de Jesus foram amplamente incorporados à doutrina dos espíritos.

Allan Kardec justificou, da seguinte forma, a mudança ocorrida no título da obra:

> Esse título foi, a princípio: *Imitação do Evangelho*. Mais tarde, por efeito de reiteradas observações do editor sr. Didier e de algumas outras pessoas, mudei-o para o de *O Evangelho segundo o Espiritismo*.

VÍNCULOS, COMPATIBILIDADES E CONCORDÂNCIAS ENTRE O ESPIRITISMO E O CRISTIANISMO

Allan Kardec, nos capítulos de *O Evangelho segundo o Espiritismo* estabeleceu os seguintes vínculos, compatibilidades e concordâncias entre o espiritismo e o cristianismo:

• O espiritismo explica, por meio de provas irrecusáveis, graças às comunicações com os espíritos, através de médiuns, a existência dos espíritos e a natureza do mundo espiritual. Além disso, esclarece as relações existentes entre os mundos espiritual e material, aclarando às que o Cristo se referiu em muitas ocasiões de sua vida. (Capítulo I)

• O espiritismo é a terceira revelação da lei de Deus, dando continuidade às revelações feitas por Moisés (primeira revelação, contida no Antigo Testamento) e pelo Cristo (segunda revelação, contida no Novo Testamento). (Capítulo I)

• O espiritismo nada ensina ao contrário do ensinamento do Cristo. Apenas desenvolve, completa, explica, dá cumprimento e coloca em termos claros e para todos o que o Cristo ensinou de forma alegórica. (Capítulo I)

• O espiritismo completa os ensinos do Cristo a respeito da vida futura. Ele mostra as realidades espirituais com base nas descrições detalhadas que os espíritos fazem delas em suas comunicações, através dos médiuns. (Capítulo II)

• O espiritismo expande o ensino do Cristo sobre "as muitas moradas na casa de meu Pai". Ele ensina que essas moradas são os mundos que oferecem aos espíritos encarnados e desencarnados habitações apropriadas ao seu adiantamento intelectual e moral. (Capítulo III)

• O espiritismo ensina a necessidade do espírito renascer na vida material para continuar o seu progresso intelectual e moral, até que consiga atingir a perfeição espiritual, empregando esforços próprios. Esse ensino sobre o nascer de novo foi sancionado por Jesus, com sua autoridade moral e espiritual, ao dizer que "João Batista era a volta de Elias" e que "ninguém pode ver o reino dos céus, se não nascer de novo". Por isso Jesus afirmou: "não te maravilhes de eu ter dito que é necessário nascer de novo". (Capítulo IV)

• O espiritismo reafirma as seguintes palavras de Jesus: "bem-aventurados os aflitos, porque serão consolados". Ele mostra as compensações que existem na vida espiritual para as almas que encararam e enfrentaram as tribulações, vicissitudes, decepções, revezes e aflições da existência material sob o ponto de vista da vida futura, demonstrando confiança em Deus, resignação, calma, serenidade, paciência, fortaleza e coragem moral. (Capítulo V)

• O espiritismo é o consolador prometido por Jesus, ao dizer que "rogaria ao Pai para que enviasse, em seu nome, outro Consolador, para ensinar todas as coisas e lembrar tudo o que ele havia dito". O Espírito de Verdade presidiu as revelações feitas pelos espíritos, fazendo o homem saber de onde vem e para onde vai; o que está fazendo na Terra; quais são os verdadeiros princípios da lei de Deus; e obter consolação, fé e esperança com o conhecimento da vida futura. (Capítulo VI)

• O espiritismo confirma, com casos práticos, o ensino de Jesus acerca do reino dos céus. Ele confirma que esse reino é para os humildes e não para os orgulhosos, ao mostrar que os grandes no mundo dos espíritos são os que foram pequenos na Terra, pois tinham virtudes na alma; e que, frequentemente, são bem pequenos na vida espiritual os que foram grandes e poderosos na Terra, mas que não tinham virtudes na alma. (Capítulo VII)

• O espiritismo confirma o ensinamento de Jesus "bem-aventurados os puros de coração, porque eles verão a Deus", ao ressaltar o valor da simplicidade e da pureza de coração, que são reveladas por meio da elevação moral, dos pensamentos e dos atos. Mas, a verdadeira pureza de coração é apanágio dos espíritos puros que já chegaram à perfeição espiritual e se tornaram mensageiros de Deus. (Capítulo VIII)

• O espiritismo ratifica a máxima de Jesus "bem-aventurados os mansos e pacíficos", ao pregar a lei da doçura, moderação, mansuetude, afabilidade e paciência. Portanto, condena a violência, a cólera e todo ato descortês para com os semelhantes por serem contrários à lei de amor e caridade. (Capítulo IX)

• O espiritismo ensina a prática da misericórdia, do perdão e da reconciliação com os adversários, a exemplo das lições de Jesus. Ele mostra que essas virtudes nos libertam dos inimigos encarnados e desencarnados. Estes podem nos perseguir, do além-túmulo, por meio da obsessão, com seu rancor, ódio e desejo de vingança. (Capítulo X)

• O espiritismo prega a prática do amor ao próximo, em toda a sua extensão, tal qual Jesus nos ensinou. Essa prática é o único meio de fazer reinar entre os homens a fraternidade, a paz e a justiça. (Capítulo XI)

• O espiritismo estimula a prática do amor aos inimigos, ensinada por Jesus, por ser a aplicação sublime da lei de amor e caridade. Essa prática evita o ódio, o rancor e o desejo de vingança; estende o perdão ao que praticou o mal; estimula desejar o bem ao adversário ao invés do mal; leva a ajuda ao opositor; e paga com o bem qualquer mal recebido. (Capítulo XII)

• O espiritismo prega a prática do bem, sem cair na ostentação, seguindo Jesus. Isso significa praticar a beneficência com modéstia; estender a caridade material e moral sem ferir o amor próprio do beneficiado; ajudar o próximo disfarçando o valor do benefício para não lhe causar melindre ou constrangimento; enxugar a lágrima alheia e aliviar o sofrimento sem interesse pessoal; beneficiar o semelhante sem esperar retribuição; ser útil ao próximo, dissimulando o favor e não esperando gratificação ou gratidão; e espalhar a caridade em pensamentos, palavras e ações, demonstrando ternura, piedade, devotamento e abnegação. (Capítulo XIII)

• O espiritismo, à semelhança de Jesus, prega o cumprimento do mandamento "honra a teu pai e a tua mãe", porque é uma decorrência da lei de caridade e de amor ao próximo. Além do mais, não se pode amar ao próximo, sem amar aos pais. Por isso, os filhos devem aos pais respeito, estima, obediência e assistência em suas necessidades. Além disso, fortalecem os laços espirituais, quando cumprem para com os pais todos os preceitos de Jesus referentes ao amor ao próximo. (Capítulo XIV)

• O espiritismo, em acordo com os ensinos contidos no Evangelho, leva à prática da caridade e da humildade, que resumem a moral de Jesus. E com a prática dessas virtudes, há ainda o combate ao egoísmo e ao orgulho. O Cristo colocou, adicionalmente, a caridade como a única condição para a salvação espiritual. Assim, o homem não podendo amar a Deus sem praticar a caridade para com o próximo, tem seus deveres morais resumidos na seguinte máxima: "Fora da caridade não há salvação". Isso porque a prática da caridade está ao alcance de todos. (Capítulo XV)

• O espiritismo aclara as palavras de Jesus sobre a avareza e o mau uso das riquezas materiais. Ele mostra que a riqueza é uma prova para o espírito encarnado mais arriscada e perigosa do que a da miséria, por levar a excitações, tentações, fascinação, exacerbação do egoísmo e do orgulho e apego aos bens materiais. Por isso, a riqueza deve ser empregada com sabedoria, visando o aperfeiçoamento moral e a prática do bem e da caridade. (Capítulo XVI)

• O espiritismo permite a compreensão da moral cristã e estimula a observância e a prática dos ensinos e exemplos de Jesus, permitindo a formação de homens de bem. Estes são reconhecidos principalmente pela prática da lei de justiça, amor e caridade, na sua maior pureza. Já o verdadeiro espírita é identificado por ser um verdadeiro cristão; trabalhar pela sua transformação moral; empregar esforços para dominar as más inclinações; cumprir os seus deveres morais; ser bondoso, caridoso, trabalhador, sóbrio, modesto e virtuoso. (Capítulo XVII)

• O espiritismo, em acordo com os ensinos de Jesus, leva à purificação do coração e ao cumprimento da lei de Deus, para a conquista do reino dos céus. Mas poucos homens são dignos de entrar nesse reino, conforme Jesus ensinou: "muitos serão os chamados e poucos os escolhidos"; "estreita é a porta e apertado é o caminho que leva para a vida, e quão poucos são os que acertam com ela!". Porém, com a educação moral espírita cristã, o homem afasta-se das más paixões e do mau caminho; realiza esforços para vencer as más tendências; e passa a praticar as virtudes em todas as ocasiões da vida, conseguindo viver em paz, tranquilidade e equilíbrio entre as coisas materiais e as espirituais. (Capítulo XVIII)

• O espiritismo, sobre o poder da fé demonstrado por Jesus, nos ensina que a fé em Deus nos leva à aceitação da sua vontade; a confiança em nossas próprias forças torna-nos capazes de realizar as coisas que não podemos fazer quando duvidamos de nós mesmos; as montanhas que a fé transporta são as dificuldades, resistências e a má vontade; a fé sincera e verdadeira dá calma e paciência ante as tribulações da vida; a fé raciocinada tudo examina empregando a razão para distinguir o falso do verdadeiro; a fé ativa torna as pessoas úteis e produtivas no campo do bem. (Capítulo XIX)

• O espiritismo ensina o homem a aplicar no cotidiano os ensinos de Jesus, de forma a se tornar o trabalhador da seara que vive à disposição do Senhor, usa bem a vontade, produz boas obras e faz bom uso do tempo disponível, merecendo a recompensa justa. (Capítulo XX)

• O espiritismo alerta os espíritas a respeito dos falsos profetas, como o fez Jesus a seus discípulos. Assim, leva-os a recorrer ao crivo do bom-senso, da razão, racionalidade, lógica e prudência, para distinguir "a boa árvore que dá bons frutos da árvore má que dá maus frutos". Além disso, ensina-os a considerar falsos profetas os espíritos enganadores, hipócritas, orgulhosos e pseudossábios, que são facilmente desmascarados pelas ideias bizarras e absurdas que tentam impor; pelos nomes veneráveis que adotam; pelas palavras sem conteúdo moral que dizem; pelas obras sem qualidade que apresentam. O espiritismo ensina-os ainda que o verdadeiro profeta pode ser facilmente reconhecido pelas suas características sérias e pela sua atuação de ordem moral; e que os verdadeiros missionários de Deus são humildes, modestos e virtuosos, com suas obras exercendo uma poderosa influência moralizadora sobre os outros. (Capítulo XXII)

• O espiritismo nos alerta, com relação às palavras de Jesus sobre o "não separar o que Deus juntou", que só é imutável o que procede de Deus. Dessa forma, só as leis da natureza são sempre as mesmas. Já as leis humanas se modificam com o passar do tempo, os lugares e o desenvolvimento intelectual e moral do homem. Quanto às leis civis que regulam o casamento, elas sofrem modificações através dos tempos, em cada país, em função dos costumes, das necessidades e dos interesses familiares. Mas, quando a lei de amor rege as relações entre os cônjuges, em atendimento à lei de reprodução, elas são morais e pautadas na afeição mútua. Portanto, as palavras de Jesus sobre o "não separar o homem o que Deus juntou", só se aplicam à lei imutável de Deus, e não à lei mutável dos homens. Quanto ao divórcio, nem Moisés, nem Jesus consagraram a indissolubilidade do casamento; e essa lei humana só separa legalmente o que de fato já estava separado, atendendo aos interesses materiais e não à lei de amor. (Capítulo XXII)

• O espiritismo, relativamente às palavras estranhas de Jesus sobre o "aborrecer pai e mãe", "abandonar pai, mãe e filhos", "deixar os mortos enterrar os seus mortos" e "não trazer a paz, mas a espada", nos ensina que: essas palavras não estão em acordo com a sublimidade da doutrina e a linguagem do Cristo, mas ele as usou para colocar os interesses da vida futura acima dos interesses de ordem humana;

Jesus, com essas expressões com sentido figurado, revelou que era imperioso cuidar da vida futura, pois os laços do corpo material são menos importantes do que os laços de afeição, eternos e verdadeiros, que devem unir os espíritos; o pensamento deve estar concentrado no espírito e nas realidades da vida espiritual, que é a normal, verdadeira e cheia de esplendores e atividades, sendo a existência terrena transitória e passageira, e o corpo material uma vestimenta grosseira do espírito. Portanto, Jesus com sua sabedoria, doçura, bondade e amor não pregaria "a espada ao invés da paz". Com essas palavras, ele também anteviu e previu que sua doutrina encontraria oposição e enfrentaria resistências e lutas violentas; mas as venceria porque as bases de sua doutrina estavam assentadas na caridade, na fraternidade e no amor ao próximo. (Capítulo XXIII)

• O espiritismo esclarece as palavras de Jesus sobre o "não pôr a candeia debaixo do alqueire", ensinando que os ensinos do Cristo eram proporcionais à inteligência de quem os recebia. Por isso, falava em parábolas ou usando palavras com sentido alegórico. Mas, a Previdência, em sua prudente sabedoria, vai revelando gradualmente aos homens a verdade, à medida de seu amadurecimento intelectual e moral. Por isso, Jesus disse: "não há nada secreto que não venha a ser conhecido". Além disso, o que não for revelado ao homem na Terra, o será revelado nos mundos mais adiantados, quando o seu espírito estiver purificado. Mas, com as revelações claras que o espiritismo faz, acerca das novas leis da natureza, os homens compreendem o verdadeiro sentido das palavras de Jesus e aplicam as lições do Evangelho no cotidiano. (Capítulo XXIV)

• O espiritismo elucida as palavras de Jesus sobre o "buscai e achareis" e "ajuda-te e o céu te ajudará", ensinando que elas são aplicações das leis do trabalho e do progresso, às quais os homens estão submetidos para que ajam e promovam o seu incessante desenvolvimento intelectual e moral. (Capítulo XXV)

• O espiritismo leva a sério o mandamento de Jesus "dar de graça o que de graça receber". Assim, ensina que nada deve ser cobrado por aquilo que nada se pagou. Por isso, no espiritismo nada é cobrado pelo dom de curar e expulsar os espíritos maus; para aliviar os que sofrem; pela prece que é feita em benefício dos outros, por considerá-la um ato de caridade em que o coração participa; pelas bênçãos e pelo perdão que vêm de Deus; pelo emprego da mediunidade, que coloca os médiuns na condição de intérpretes dos espíritos. (Capítulo XXVI)

• O espiritismo pratica a prece tal qual Jesus a ensinou e exemplificou. Além disso, ele complementa os ensinos do Cristo a respeito da oração ao ensinar que: a finalidade da prece é elevar a alma a Deus; a prece a Deus não muda as leis naturais, de forma que Deus atende a prece sem derrogar a imutabilidade das suas leis; Deus atende a prece que é feita com confiança e que pede coragem, paciência, resignação e a sugestão de ideias para vencer as dificuldades; Deus assiste aos que oram mas, ao mesmo tempo, ajudam a si mesmos, segundo a máxima "ajuda-te e o céu te ajudará"; a prece deve ter por objetivo um pedido, um agradecimento ou um louvor; pode-se orar por si mesmo e pelos outros, pelos vivos ou pelos mortos; a prece atrai o concurso dos bons espíritos; o poder da prece está no pensamento de quem ora; pode-se orar em qualquer lugar e a qualquer hora, a sós ou em conjunto; a prece deve ser sempre clara, simples e concisa. (Capítulos XXVII e XXVIII)

BIBLIOGRAFIA

KARDEC, Allan. *O Evangelho segundo o Espiritismo.*

KARDEC, Allan. *Obras Póstumas.* Segunda parte.

KARDEC, Allan. *Revista Espírita – Jornal de Estudos Psicológicos.* Vol. 1864. Abril e dezembro de 1864.

KARDEC, Allan. *Revista Espírita – Jornal de Estudos Psicológicos.* Vol. 1865. Novembro de 1865.

63

OBRAS DE ALLAN KARDEC NO
INDEX DE OBRAS PROIBIDAS

Allan Kardec registrou, da seguinte forma, a inclusão de suas obras na lista do *Index* da Corte de Roma:

A data de 1º de maio de 1864 será marcada nos anais do espiritismo, como a de 9 de outubro de 1862.

Ela lembrará a decisão da Sagrada Congregação do *Index*, concernente a nossas obras sobre o espiritismo.

Se uma coisa causou admiração aos espíritas, é que tal decisão não tenha sido tomada mais cedo.

Aliás, há uma só opinião sobre os bons efeitos que ela deva produzir, confirmada pelas informações que nos chegam de todos os lados. A essa notícia, a maioria das livrarias apressaram-se em pôr essas obras em mais evidência. Alguns livreiros mais tímidos, crendo numa proibição de sua venda, as tiraram das prateleiras, mas não as vendiam menos dentro do balcão.

BIBLIOGRAFIA
KARDEC, Allan. *Revista Espírita – Jornal de Estudos Psicológicos.*
Vol. 1864. Junho de 1864.

64

ALIADOS NA DEFESA DO ESPIRITISMO

Allan Kardec, para sua alegria, viu surgir valiosos aliados na defesa do espiritismo:

Durante muito tempo estivemos só na estacada, para sustentar a luta travada contra o espiritismo, mas eis que campeões surgiram de diversos lados e entraram corajosamente na liça, como para dar um desmentido aos que pretendem que o espiritismo se vai.

Primeiro, o *Vérité*, de Lyon; depois, em Bordeaux: a *Ruche*, o *Sauveur*, a *Lumière*; na Bélgica: a *Revue Spirite d'Anvers*; em Turim, os *Annales du Spiritisme en Italie*.

Temos a satisfação de dizer que todos erguem bravamente a bandeira, e provaram aos nossos adversários que achariam com quem contar.

Se fazemos justos elogios à firmeza de que esses jornais deram prova, por suas refutações cheias de lógica, devemos, sobretudo, elogiá-los por não se haverem afastado da moderação, que é o caráter essencial do espiritismo, ao mesmo tempo, que é a prova da verdadeira força; por não terem seguido os nossos antagonistas no terreno do personalismo e da injúria, incontestável sinal de fraqueza, porque não se chega a tal extremo senão quando se está carente de boas razões.

Aquele que está de posse de argumentos sérios, os faz valer; não os substitui ou se guarda de os enfraquecer por uma linguagem indigna de uma boa causa.

Em Paris, um recém-vindo se apresenta sob o título despretensioso de *Avenir, Monitor do Espiritismo*. A maioria de nossos leitores já o conhecem, bem como seu redator-chefe, senhor d'Ambel, e o puderam julgar por suas primeiras armas. O melhor reclame é provar o que se pode fazer; é, em seguida o grande júri da opinião quem pronuncia o veredicto. Ora, não duvidamos que este não lhe seja favorável, a julgar pela acolhida simpática recebida ao seu aparecimento.

A ele, pois, também as nossas simpatias pessoais, conquistadas previamente por todas as publicações destinadas a servir valiosamente à causa do espiritismo.

Além disso, Allan Kardec anunciou o lançamento de *A Voz de Além-Túmulo: Jornal do Espiritismo*, publicado em Bordeaux, sob a direção do senhor Aug. Bez, fazendo os seguintes comentários:

> De longa data conhecemos o senhor Bez como um dos firmes sustentáculos da causa. Sua bandeira é a mesma que a nossa e temos fé em sua prudência e moderação. É, pois, um órgão a mais, que vem juntar sua voz às que defendem os verdadeiros princípios da doutrina. Que seja bem-vindo!

BIBLIOGRAFIA
KARDEC, Allan. *Revista Espírita – Jornal de Estudos Psicológicos.*
Vol. 1864. Agosto e setembro de 1864.

65

VISITA AOS ESPÍRITAS DE BRUXELAS E DE ANTUÉRPIA

Allan Kardec deparou-se com os seguintes acontecimentos marcantes, durante a sua visita aos irmãos espíritas de Bruxelas e de Antuérpia:

• Constatou o enorme desenvolvimento que a doutrina vinha experimentando, com um grande número de adeptos sinceros, devotados e esclarecidos, bem como a simpatia que o espiritismo havia conquistado na sociedade;

• Um grupo espírita, em comemoração à sua viagem à Bélgica, fundou um leito de criança na creche de Saint Josse Tennoode, constituindo uma obra de beneficência;

• O objetivo principal do grupo espírita Amor e Caridade era a prática da caridade, em toda a sua extensão;

• Diversos grupos espíritas pequenos seguiam uma bandeira única, marchando para o mesmo objetivo e obtendo a homogeneidade e a comunhão dos pensamentos e dos sentimentos;

• O grupo familiar de Douai praticava a doutrina espírita evangélica em toda a sua pureza;

• Os médiuns eram em grande número, praticavam a humildade e consideravam-se simples instrumentos da Providência;

• Um dos grupos espíritas de Antuérpia possuía um médium tiptólogo dotado de uma faculdade especial. As letras do alfabeto eram indicadas por batidas do pé de uma mesinha, com uma rapidez que quase atingia a da escrita. O espírito quase sempre ditava a sua mensagem séria ao avesso, começando pela última letra. Além disso, pelo mesmo processo, o médium recebia respostas a perguntas mentais e em línguas estranhas. O médium era também psicógrafo e, neste caso, escrevia igualmente pelo avesso com a mesma facilidade. A rapidez do movimento e a indicação das letras em sentido inverso tornavam a fraude materialmente impossível, bem como a reprodução do pensamento individual;

• Em uma sessão espírita realizada em Bruxelas, manifestou-se inesperada e voluntariamente o espírito de um criminoso arrependido. Isso exigiu que lhe fossem dirigidas algumas palavras de comiseração, consolo e encorajamento. As pessoas presentes na reunião logo perceberam que essa manifestação havia sido permitida para que o espírito relatasse seus sofrimentos e seu arrependimento; implorasse piedade; falasse em seu próprio interesse; e servisse de instrução para todos;

• Em Antuérpia, em visita a uma exposição de pintura, teve sua atenção despertada para um estudo intitulado *Cena de interior de camponeses espíritas*, no qual a cena de uma sessão espírita para mover a mesa estava retratada numa pintura, indicando que o espiritismo figurava claramente confessado em uma obra de arte.

Allan Kardec, na alocução que fez aos espíritas de Bruxelas e de Antuérpia, ressaltou os seguintes pontos:

1. A força do espiritismo está em sua filosofia e moral;

2. Não se pode ser espírita sem ser um homem de bem;

3. O devotamento do espírita à doutrina espírita deve ser visto como uma dívida de reconhecimento pelos benefícios morais recebidos;

4. O espiritismo é mais entravado pelos que o compreendem mal, do que pelos que não o compreendem absolutamente e mesmo pelos seus inimigos declarados;

5. O espiritismo tem a sua fonte nos fatos da natureza, que permitem a observação e a elaboração da ciência das relações entre os mundos visível e invisível;

6. O espiritismo explica os fenômenos de ordem espiritual que ocorreram, de maneira espontânea, em todas as épocas da Humanidade;

7. Os médiuns são instrumentos adequados para a produção dos fenômenos espíritas;

8. O espiritismo estuda a causa dos fatos espíritas, promovendo uma revolução moral e mudando totalmente o curso das ideias e das crenças filosóficas e religiosas;

9. Com o espiritismo, o homem sabe de onde vem e para onde

vai, encontra uma razão para fazer o bem, cresce em sabedoria e em moralidade, e adquire a força moral que lhe dá coragem e resignação.

BIBLIOGRAFIA

KARDEC, Allan. *Revista Espírita – Jornal de Estudos Psicológicos.*
Vol. 1864. Outubro e novembro de 1864.

66

PAPEL DE ALLAN KARDEC NA CONSTITUIÇÃO DO ESPIRITISMO

Allan Kardec esclareceu, da seguinte forma, o papel que desempenhava na constituição do espiritismo:

> Do ponto de vista sob o qual se deve encarar o espiritismo, qual foi o meu papel?
>
> Não é nem o de inventor, nem o de criador. Vi, observei, estudei os fatos com cuidado e perseverança; coordenei-os e lhes deduzi as consequências: eis toda a parte que me cabe.
>
> Aquilo que fiz outro poderia ter feito em meu lugar.
>
> Em tudo isto fui apenas um instrumento dos pontos de vista da Providência, e dou graças a Deus e aos bons espíritos por terem querido servir-se de mim.
>
> É uma tarefa que aceitei com alegria, e da qual me esforcei por me tornar digno, pedindo a Deus me desse as forças necessárias para a realizar segundo a sua santa vontade.
>
> A tarefa, entretanto, é pesada, mais pesada do que podem supô-la; e se tem para mim algum mérito, é que tenho a consciência de não haver recuado ante nenhum obstáculo e nenhum sacrifício; será a obra de minha vida até meu último dia, pois ante um objetivo tão importante, todos os interesses materiais e pessoais se apagam, como pontos diante do infinito.

BIBLIOGRAFIA
KARDEC, Allan. *Revista Espírita – Jornal de Estudos Psicológicos.*
Vol. 1864. Novembro de 1864.

67

APREENSÃO COM A MORTE

Allan Kardec estabeleceu as seguintes orientações a respeito do receio que os homens sentem com a morte do corpo material:

• A apreensão com a morte é efeito da sabedoria da Providência. Ela é uma consequência do instinto de conservação comum a todos os seres vivos;

• O receio da morte é necessário enquanto o homem não for bastante esclarecido quanto às condições da vida futura;

• Sem o medo da morte, o homem seria levado a deixar prematuramente a vida terrestre e a negligenciar o trabalho daqui, que deve servir para o seu adiantamento intelectual e moral;

• À medida que o homem melhor compreende a vida futura, diminui a sua apreensão com a morte;

• Melhor compreendendo a sua missão na Terra, o homem espera a morte com mais calma, resignação e sem medo;

• A certeza da vida futura dá ao homem um outro curso às suas ideias, outro objetivo a seus trabalhos;

• Não só trabalha para o presente; mas trabalha em vista do futuro, sem negligenciar o presente, porque sabe que seu futuro depende da direção, mais ou menos boa, que der ao presente;

• A certeza de reencontrar os amigos após a morte, de continuar as relações que teve na Terra, de não perder o fruto de nenhum trabalho, de crescer incessantemente em inteligência e em perfeição, lhe dá paciência para esperar e coragem para suportar as momentâneas fadigas da vida terrena;

• A solidariedade que vê estabelecer-se entre os mortos e os vivos lhe faz compreender o auxílio mútuo que deve existir entre os vivos.

Assim, a fraternidade tem sua razão de ser e a caridade torna-se um objetivo no presente e no futuro;

• Para libertar-se das apreensões da morte, o homem deve poder encará-la sob seu verdadeiro ponto de vista, isto é, ter penetrado por pensamento no mundo invisível e dele ter feito uma ideia tão exata quanto possível;

• Para compreender a vida futura, o espírito encarnado precisa de um certo desenvolvimento e de uma certa aptidão para se desprender da matéria;

• A doutrina espírita muda inteiramente a maneira do homem encarar o futuro. A vida futura não é mais uma hipótese, é uma realidade. O estado das almas após a morte não é mais um sistema, mas o resultado da observação;

• Com a doutrina espírita, o véu está levantado. O mundo invisível é visto em toda a sua realidade prática;

• São os próprios habitantes do mundo espiritual que nos vêm descrever a sua situação. Nós aí os vemos em todos os graus da escala espiritual, em todas as fases da felicidade e da desgraça. Nós assistimos a todas as peripécias da vida de além-túmulo;

• Para os espíritas, esse conhecimento é a causa da calma com que encaram a morte, da serenidade de seus últimos instantes na Terra. O que os sustém não é só a esperança, é a certeza;

• Os espíritas sabem que a vida futura é apenas a continuação da vida presente em melhores condições, e a esperam com a mesma confiança com que esperam o nascer do sol, após uma noite de tempestade;

• Os motivos para a confiança dos espíritas estão nos fatos de que são testemunhas, e no acordo desses fatos com a lógica, a justiça e a bondade de Deus, que são aspirações íntimas do próprio homem.

BIBLIOGRAFIA
KARDEC, Allan. *Revista Espírita – Jornal de Estudos Psicológicos*.
Vol. 1865. Fevereiro de 1865.

68

PRIMEIRO ABALO NA SAÚDE
DE ALLAN KARDEC

Allan Kardec sofreu, em 31 de janeiro de 1865, o primeiro abalo no estado de sua saúde, em decorrência do ritmo acelerado que mantinha em seu trabalho de codificação, propaganda e defesa do espiritismo.

Felizmente, foi socorrido pelos bons espíritos, como atestam as informações abaixo, contidas nas comunicações dos espíritos viúva Foulon e doutor Demeure:

> Quero vos agradecer as afetuosas palavras que teve a bondade de dirigir a esta amiga que vos precedeu no túmulo.
>
> Porque deixamos de partir juntos para o mundo onde me encontro, meu bom amigo! Que teria dito a bem amada companheira dos vossos dias, se os bons espíritos não tivessem nisto posto boa ordem? Então ela teria gemido e chorado!
>
> Eu o compreendo; mas, também, é preciso que ela vele para que não vos exponheis de novo ao perigo antes de ter acabado o vosso trabalho de iniciação espírita, sem o que vos arriscais a chegar entre nós demasiado cedo, e não ver, como Moisés, a Terra Prometida senão de longe.
>
> Mantende-vos em guarda: é uma amiga quem vos previne.
>
> Viúva Foulon

> Meu bom amigo, tende confiança em nós e muita coragem.
>
> Esta crise, posto que fatigante e dolorosa, não será longa e, com os cuidados prescritos, podereis, conforme os vossos desejos, completar a obra, de que a vossa existência foi o principal objetivo. Entretanto, eu sou aquele que está sempre junto de vós, com o Espírito de Verdade, que me permite tomar a palavra em seu nome, como o último de vossos amigos vindos entre os espíritos! Eles me fazem as honras das boas-vindas.

Caro mestre, estou feliz por ter morrido antes, talvez tivesse podido evitar-vos esta crise que eu não previa; havia muito pouco tempo que estava desencarnado para me ocupar de outra coisa senão espiritual. Mas agora velarei por vós, caro mestre, e vosso irmão e amigo que é feliz de ser espírito para estar junto de vós e vos dar os cuidados na vossa moléstia; mas conheceis o provérbio: "Ajuda-te, e o céu te ajudará." Ajudai, pois, os bons espíritos nos cuidados que vos dispensam, conformando-vos estritamente às suas prescrições.

Faz muito calor aqui; este carvão é fatigante. Enquanto estiverdes doente, não o queimeis; ele continua a aumentar a vossa opressão; os gases que dele se desprendem são deletérios.

Vosso amigo,

Demeure (Dr. Demeure, em 1 de fevereiro de 1865)

Sou eu, Demeure, amigo do senhor Kardec.

Venho lhe dizer que estava ao seu lado quando lhe ocorreu o acidente, que poderia ter sido funesto sem uma intervenção eficaz, para a qual tive a honra de contribuir.

Segundo minhas observações e os ensinamentos que colhi em boa fonte, é-me evidente que quanto mais cedo se der a sua desencarnação, tanto mais cedo poderá dar-se a sua reencarnação, a fim de vir completar a sua obra. Contudo, antes de partir, é preciso dar-lhe uma última ajuda nas obras que deve completar a teoria doutrinária, da qual é o iniciador; e ele se torna culpado de homicídio voluntário contribuindo, por excesso de trabalho, para o defeito de sua organização, que o ameaça de uma súbita partida para os nossos mundos.

É preciso não temer dizer-lhe toda a verdade, para que se guarde e siga as prescrições rigorosamente.

Demeure (Dr. Demeure, em 2 de fevereiro de 1865)

BIBLIOGRAFIA
KARDEC, Allan. *Revista Espírita – Jornal de Estudos Psicológicos.*
Vol. 1865. Março de 1865.

69

MATAR PARA SE ALIMENTAR

Allan Kardec tratou, da seguinte forma, a complexa questão da necessidade dos seres vivos de se destruírem entre si para se alimentarem uns à custa dos outros:

• A verdadeira vida, tanto do animal, quanto do homem, não está no envoltório corporal, que é uma vestimenta para alma. Está no princípio inteligente que preexiste e sobrevive à morte do corpo material;

• O princípio inteligente necessita do corpo material para se desenvolver pelo trabalho que deve realizar sobre a matéria bruta;

• O corpo material se gasta com o trabalho, mas o espírito, não; ao contrário, dele sai cada vez mais forte, mais lúcido e mais capaz;

• É necessário que o espírito mude muitas vezes de envoltório corporal. Nem por isso é menos espírito. É como se um homem renovasse cem vezes a sua roupa em um ano; nem por isso deixaria de ser o mesmo homem;

• Pela lei da destruição, Deus ensina aos homens o valor transitório que devem dar ao envoltório material e neles suscita a ideia da vida espiritual, fazendo-os desejá-la como uma compensação;

• A luta na vida corporal é necessária ao desenvolvimento do espírito. É nessa luta que exercita as suas faculdades;

• Aquele que ataca para ter o seu alimento e o que se defende para conservar a vida usam de astúcia e de inteligência e, por isso mesmo, aumentam suas forças intelectuais;

• Um dos dois sucumbe. Mas o que o mais forte ou mais apto tirou do mais fraco foi a sua vestimenta de carne e nada mais. O espírito, que não morreu, mais tarde retoma outro envoltório corporal;

• No animal, no qual o senso moral não existe e a inteligência ainda está no estado de instinto, é que o princípio inteligente se elabora e se ensaia para a vida. Quando atingiu o grau de maturidade necessário à sua transformação, recebe de Deus novas faculdades: o livre-arbítrio e o senso moral, numa palavra, a centelha divina, que dão um novo curso às suas ideias e o dotam de novas percepções;

• Mas as novas faculdades morais de que a alma é dotada só se desenvolvem gradativamente, pois nada é brusco na natureza; há um período de transição, no qual o homem apenas se distingue do bruto. Nas primeiras idades domina o instinto animal e a luta ainda tem por móvel a satisfação das necessidades materiais;

• Mais desenvolvidos, o instinto animal e o sentimento moral se contrabalançam; então o homem luta, não mais para se alimentar, mas para satisfazer sua ambição, seu orgulho e a necessidade de dominar;

• Para isso ainda lhe é necessário destruir. Mas, à medida que o senso moral cresce, desenvolve-se a sensibilidade, diminui a necessidade de destruição, acabando mesmo por se tornar odiosa e apagar-se: o homem cria horror ao sangue;

• Contudo, a luta na vida material é sempre necessária ao desenvolvimento do espírito porque, mesmo chegado a este ponto, que nos parece culminante, está longe de ser perfeito. Só ao preço de sua atividade é que adquire conhecimentos, experiência e se despoja dos últimos vestígios de animalidade;

• Mas então a luta, de sangrenta e brutal que era, torna-se puramente intelectual: o homem luta contra as dificuldades e não mais contra os seus semelhantes.

BIBLIOGRAFIA
KARDEC, Allan. *Revista Espírita – Jornal de Estudos Psicológicos.*
Vol. 1865. Abril de 1865.

70

MUDANÇAS NA VIDA DE ALLAN KARDEC

Allan Kardec explicou, da seguinte maneira, como o espiritismo causou mudanças radicais em sua vida pessoal:

Tirando-me da obscuridade, o espiritismo veio lançar-me em nova via. Em pouco tempo vi-me arrastado num movimento que estava longe de prever.

Quando concebi a ideia de *O Livro dos Espíritos*, minha intenção era não me pôr em evidência e ficar desconhecido; mas logo ultrapassado, isto não me foi possível: tive que renunciar aos meus gostos de retiro, sob pena de abdicar da obra empreendida e que crescia prodigiosamente; mas foi preciso seguir-lhe o impulso e tomar as rédeas.

Se meu nome tem agora alguma popularidade, seguramente não é porque a tenha procurado, pois é notório que nem a devo à propaganda, nem à camaradagem da imprensa e que jamais aproveitei a minha posição e as minhas relações para me lançar no mundo, quando isto teria sido fácil.

Mas, à medida que a obra crescia, um horizonte mais vasto desenrolava-se à minha frente, recuando os seus limites. Compreendi então a imensidade de minha tarefa e a importância do trabalho que me restava fazer para a completar.

Longe de me apavorar, as dificuldades e os obstáculos redobraram minha energia; vi o objetivo e resolvi atingi-lo com a assistência dos bons espíritos. Eu sentia que não tinha tempo a perder e nem o perdi em visitas inúteis, nem em cerimônias ociosas.

Foi a obra de minha vida: a ela dei todo o meu tempo, sacrifiquei meu repouso, minha saúde, porque o futuro estava escrito em minha frente em caracteres irrecusáveis.

Fi-lo por meu próprio movimento e minha mulher, que nem é mais ambiciosa nem mais interesseira do que eu, concordou plenamente com meus pontos de vista e me secundou na tarefa laboriosa, como o faz ainda, por um trabalho por vezes acima de suas forças, sacrificando sem pesar os prazeres e distrações do mundo, aos quais sua posição de família a tinham habituado.

BIBLIOGRAFIA
KARDEC, Allan. *Revista Espírita – Jornal de Estudos Psicológicos*.
Vol. 1865. Junho de 1865.

71

LANÇAMENTO DO LIVRO
O CÉU E O INFERNO OU
A JUSTIÇA DIVINA SEGUNDO O ESPIRITISMO

Allan Kardec lançou, em 1º de agosto de 1865, o livro *O Céu e o Inferno ou A Justiça Divina segundo o Espiritismo*.

Esse novo livro aprofundou o entendimento de questões complexas, tais como: a passagem da alma para a vida espiritual; a vida futura e o nada; a apreensão da morte; a existência das penas e das recompensas na vida futura; a situação dos anjos e dos demônios; o céu, o inferno e o purgatório; a doutrina das penas eternas; a intervenção dos demônios nas manifestações modernas; a proibição de evocar os mortos; a situação dos espíritos felizes, em condição média, dos sofredores, suicidas, criminosos arrependidos e endurecidos no mal; e as expiações terrestres, decorrentes de faltas graves cometidas em vidas passadas.

Allan Kardec, especificamente sobre alguns desses pontos importantes, grafou as seguintes lições:

• Os bons espíritos podem locomover-se facilmente e ir a toda parte;

• Os bons espíritos mantêm atividades incessantes; reúnem-se com os espíritos que foram seus familiares e entes queridos; e visitam os seus parentes e amigos que se encontram encarnados, para os ajudar nas provas terrenas e no progresso material e espiritual;

• Os espíritos ainda imperfeitos merecem a bondade e a misericórdia de Deus. Por isso, recebem o perdão pelos erros graves cometidos na vida corporal, depois que se arrependem da prática do mal, dos vícios e dos crimes;

• Os espíritos imperfeitos são ajudados pelos bons espíritos no trabalho da própria regeneração e de conquista de maior progresso moral e espiritual;

• O inferno está em toda parte em que um espírito sofra as consequências do mau uso que fez da vontade e do livre-arbítrio;

• O céu está em todo lugar em que um espírito desfruta das boas condições espirituais por ter praticado o bem e levado uma vida virtuosa;

• O perispírito é instrumento da justiça divina. Ele retrata as características e qualidades boas ou más do espírito, situando-o em condições boas ou más na vida espiritual;

• Para os espíritos superiores, o perispírito é formado de fluidos sutis, abundantes nas regiões elevadas do mundo espiritual, permitindo-os locomover-se rapidamente e desfrutar dos esplendores e das delícias da vida isenta das influências da matéria mais densa;

• Para o espírito encarnado, o seu desligamento do corpo material é fácil ou difícil dependendo de sua evolução moral e do grau de apego às paixões materiais;

• Com a morte do corpo material, o espírito entra em um estado de perturbação espiritual, que pode ser breve ou longo, dependendo do seu desprendimento fácil ou difícil do envoltório corporal;

• Para a alma virtuosa, os laços que a prendem ao corpo material são sutis e tênues, o que torna fácil o seu desprendimento, marcado por uma perturbação rápida e por um sono breve;

• Durante a perturbação, o espírito, geralmente, pode ver o seu corpo material inerte e passar pela revisão de todos os fatos ocorridos em sua vida terrena. Depois que desperta para a nova fase da vida imortal, reencontra os familiares e entes queridos que o antecederam na morte do envoltório corporal; descobre-se com um corpo espiritual (perispírito) com a mesma forma e aparência da última encarnação, porém com contornos mais leves e belos e com a saúde e a vitalidade correspondendo ao grau de elevação moral e de sua capacidade intelectual;

• Uma vez adaptado à vida espiritual, o espírito desfruta de uma liberdade que condiz com o grau de sua evolução moral; passa a desempenhar atividades incessantes e sente-se feliz, se for superior, ou infeliz, se praticou o mal na vida terrena;

• As penas na vida espiritual são temporárias. Elas visam a reeducação do espírito culpado. Assim, o espírito na condição de selvagem, ignorante, mau, suicida ou criminoso encontra nova oportunidade para fazer esforços no sentido de progredir, crescer em experiências, melhorar o uso das faculdades e vencer as suas imperfeições;

• Os espíritos imperfeitos geralmente continuam praticando atitudes nefastas na vida espiritual, até que os sofrimentos decorrentes o levem ao arrependimento e à reencarnação regeneradora, com a finalidade de evoluir, passar a cumprir seus deveres morais e conquistar e praticar as virtudes.

BIBLIOGRAFIA

KARDEC, Allan. *O Céu e o Inferno ou A Justiça Divina segundo o Espiritismo.*

KARDEC, Allan. *Revista Espírita – Jornal de Estudos Psicológicos.* Vol. 1865. Julho de 1865.

72

ATIVIDADES INCESSANTES
DE ALLAN KARDEC

Allan Kardec mantinha atividades incessantes no campo do espiritismo, com uma noção extraordinária das tarefas a cumprir, conforme atestam as suas próprias palavras:

> Não penseis que durante esta interrupção de nossos trabalhos comuns, eu tenha ido gozar o *dolce far niente*. É verdade que não fui visitar centros espíritas, mas nem por isso vi menos e menos observei. Por isso mesmo, trabalhei muito.
>
> Os acontecimentos marcham com rapidez, e como os trabalhos que me restam para terminar são consideráveis, devo apressar-me, a fim de estar pronto em tempo oportuno. (...)
>
> O objetivo principal cada vez se desenha mais nitidamente e, sobretudo o que aprendi nestes últimos tempos são os meios de o atingir mais seguramente e de superar os obstáculos.
>
> Deus me guarde de ter a presunção de me julgar o único capaz, ou mais capaz do que qualquer outro, ou o único encarregado de realizar os desígnios da Providência. Não; tal pensamento está longe de mim.
>
> Neste grande movimento renovador, tenho minha parte de ação. Assim, só falo do que me concerne; mas o que posso afirmar sem vã fanfarronada é que, no papel que me incumbe, não me faltam coragem nem perseverança.
>
> Jamais falhei; mas hoje que vejo a rota iluminar-se com uma claridade maravilhosa, sinto as forças crescerem. Jamais duvidei; mas hoje, graças às novas luzes que a Deus aprouve dar-me, estou certo, e

o digo a todos os nossos irmãos, com mais segurança do que nunca: Coragem e perseverança, porque um deslumbrante sucesso coroará os nossos esforços.

BIBLIOGRAFIA

KARDEC, Allan. *Revista Espírita – Jornal de Estudos Psicológicos.* Vol. 1865. Novembro de 1865.

73

INFERIORIDADE DA ALMA DA MULHER

Allan Kardec respondeu, da seguinte forma, a questão complexa: "Criou Deus as almas masculinas e femininas e fez estas inferiores àquelas?"

• Se a inferioridade da alma da mulher está nos desígnios divinos, nenhuma lei humana poderá aí interferir;

• Mas, ao contrário, Deus criou as almas iguais e semelhantes;

• As desigualdades existentes entre as almas masculinas e femininas estão fundadas pela ignorância e pela força bruta, e desaparecerão com o progresso e o reinado da justiça;

• As almas ou espíritos não têm sexo;

• As afeições que os unem nada têm de carnal. Por isto mesmo, são mais duráveis, porque são fundadas numa simpatia real e não são subordinadas às vicissitudes da matéria;

• Os sexos só existem no organismo. São necessários à reprodução dos seres materiais;

• Os espíritos, sendo criação de Deus, não se reproduzem uns pelos outros, razão por que os sexos seriam inúteis no mundo espiritual;

• Devendo os espíritos progredir em tudo e adquirir todos os conhecimentos, cada um está chamado a concorrer aos diversos trabalhos e a passar por diferentes gêneros de provas;

• É por isso que, alternativamente, nascem ricos ou pobres, senhores ou servos, operários intelectuais ou da força bruta;

• Assim se acha fundada, sobre as leis mesmas da matéria, o princípio da igualdade, pois o grande da véspera pode ser o pequeno do dia seguinte, desde que, nas relações sociais, reencontramos antigos conhecidos e no infeliz que nos estende a mão pode encontrar-se um parente ou um amigo;

• É com o mesmo objetivo que os espíritos se encarnam nos diferentes sexos. Aquele que foi homem poderá renascer mulher e aquele que foi mulher poderá nascer homem, a fim de realizar os deveres de cada uma dessas posições, e sofre-lhes as provas;

• Sofrendo o espírito encarnado a influência do organismo, seu caráter se modifica conforme as circunstâncias e se dobra às necessidades e às exigências impostas pelo mesmo organismo;

• Esta influência não se apaga imediatamente após a destruição do invólucro material, assim como não perde instantaneamente os gostos e hábitos terrenos;

• Pode ainda acontecer que o espírito percorra uma série de existências no mesmo sexo, o que faz com que, durante muito tempo, possa conservar, no estado de espírito, o caráter de homem ou de mulher, cuja marca nele ficou impressa;

• Somente quando chegado a um certo grau de adiantamento e de desmaterialização é que a influência da matéria se apaga completamente e, com ela, o caráter dos sexos;

• Os espíritos que se nos apresentam como homens ou como mulheres, é para nos lembrar a existência em que os conhecemos;

• Se essa influência se repercute da vida corporal à vida espiritual, o mesmo se dá quando o espírito passa da vida espiritual para a corporal;

• Numa nova encarnação trará o caráter e as inclinações que tinha como espírito. Se for avançado, será um homem avançado; se for atrasado, será um homem atrasado;

• Mudando de sexo, poderá então, sob essa impressão em sua nova encarnação, conservar os gostos, as inclinações e o caráter inerente ao sexo que acaba de deixar;

• Assim se explicam certas anomalias aparentes, notadas no caráter de certos homens e de certas mulheres;

• Dessa forma, não existe diferença entre o homem e a mulher, senão no organismo material, que se aniquila com a morte do corpo;

• Mas quanto ao espírito, à alma, o ser essencial, imperecível, ela não existe, porque não há duas espécies de almas;

• Quis Deus a sua justiça para todas as criaturas;

• Dando Deus a todas as almas um mesmo princípio, fundou a verdadeira igualdade;

• A desigualdade só existe temporariamente no grau de adiantamento; mas todos têm direito ao mesmo destino, ao qual cada um chega por seu trabalho, porque Deus não favoreceu ninguém às custas dos outros;

• Com a doutrina espírita, a igualdade da mulher é um direito fundado nas mesmas leis da natureza;

• Dando a conhecer estas leis, o espiritismo abre a era da emancipação legal da mulher, como abre a da igualdade e da fraternidade.

BIBLIOGRAFIA
KARDEC, Allan. *Revista Espírita – Jornal de Estudos Psicológicos.*
Vol. 1866. Janeiro de 1866.

74

PRÁTICA DA PRECE NO ESPIRITISMO

Allan Kardec apresentou as seguintes considerações sobre a prática da prece no espiritismo, contestando a oposição de alguns espíritas que não admitiam essa prática, pois julgavam que a doutrina espírita não deveria ter qualquer caráter religioso, nem permitir beatices nas reuniões espíritas:

• Se o espiritismo proclama a utilidade da prece, não é por espírito de sistema, mas porque a observação permitiu constatar a sua eficácia e o seu modo de ação;

• Desde que, pelas leis dos fluidos, compreendemos o poder do pensamento, também compreendemos o da prece;

• A prece é, também, um pensamento dirigido para um fim determinado;

• Para algumas pessoas, a palavra prece só desperta a ideia de pedido. É grave erro;

• Sob o ponto de vista da Divindade, a prece é um ato de adoração, de humildade e de submissão, ao qual não se pode recusar, desconhecendo o poder e a bondade do Criador;

• Negar a prece a Deus é recusar-lhe a prestação de homenagem; é, ainda, uma revolta do orgulho humano;

• Para os espíritos, que não passam de almas dos nossos irmãos, a prece é uma identificação de pensamentos, um testemunho de simpatia;

• Repeli-la é repelir a lembrança dos seres que nos são caros, porque essa lembrança simpática e benevolente é, por si mesma, uma prece;

• Aliás, sabe-se que os espíritos que sofrem a reclamam com insistência, como um alívio às suas penas. Se a pedem, então é que dela necessitam. Recusá-la é recusar um copo de água ao infeliz que está com sede;

• Além da ação puramente moral, o espiritismo nos mostra na prece um efeito de certo modo material, resultante da transmissão fluídica;

• Em certas moléstias, sua eficácia é constatada pela experiência, como demonstrada pela teoria;

• Rejeitar a prece é, pois, privar-se de poderoso auxiliar para alívio dos males corporais;

• Depois da prece, se se está fraco, sente-se mais forte; se se está triste, mais consolado. Tirar a prece é privar o homem de seu mais poderoso suporte moral na adversidade;

• Pela prece, a alma do homem se eleva, entra em comunhão com Deus, identifica-se com o mundo espiritual, desmaterializa-se, condição essencial para a sua felicidade futura;

• Sem a prece, os pensamentos do homem ficam na Terra, ligam-se mais e mais às coisas materiais. Daí um atraso no seu adiantamento;

• O espiritismo deve as numerosas simpatias que encontra às aspirações do coração, e nas quais as consolações que se obtêm na prece entram com larga parte;

• Se o espiritismo deve ganhar em influência, é aumentando a soma de satisfações morais que proporciona aos homens;

• Nas reuniões espíritas, a prece predispõe ao recolhimento, à seriedade, condição indispensável, como se sabe, para as comunicações sérias;

• As preces especiais encontradas no espiritismo não constituem um culto distinto, desde que não sejam impostas e cada um seja livre de dizer as que lhe convêm.

BIBLIOGRAFIA
KARDEC, Allan. *Revista Espírita – Jornal de Estudos Psicológicos.* Vol. 1866. Janeiro de 1866.

75

MORTE DO SENHOR DIDIER, EDITOR ESPÍRITA

Allan Kardec prestou uma homenagem à alma do senhor Didier, livreiro, editor de *O Livro dos Espíritos* e membro da Sociedade Parisiense de Estudos Espíritas, falecido a 2 de dezembro de 1865, destacando os seguintes pontos:

• No momento de sua morte, ele imprimia a 14ª edição de *O Livro dos Espíritos*, face ao notável sucesso alcançado;

• O senhor Didier era um dos membros mais considerados na Sociedade de Paris, por sua antiguidade como fundador, por sua assiduidade e, sobretudo, por sua posição e influência e pelos incontestáveis serviços prestados à causa do espiritismo, como propagador e como editor;

• As relações mantidas com ele, durante sete anos, permitiram apreciar a sua correção, a sua lealdade e as suas capacidades especiais;

• O mais belo elogio que se podia fazer ao senhor Didier era dizer que, em negócios, podia-se ir com ele de olhos fechados;

• Um motivo de felicidade foi ter encontrado o senhor Didier pelo caminho, por ser ele um editor inteligente, consciencioso, prudente e justo apreciador das boas obras;

• Os espíritas, com discrição e conveniência durante o enterro, procuraram não chocar publicamente as convicções contrárias, nem as pessoas pouco simpáticas ou mesmo hostis às ideias espíritas.

BIBLIOGRAFIA
KARDEC, Allan. *Revista Espírita – Jornal de Estudos Psicológicos*.
Vol. 1866. Janeiro de 1866.

76

EXPLICAÇÕES SOBRE
A ORIGEM DA MATÉRIA

Allan Kardec forneceu as seguintes explicações sobre a origem da matéria, criada por Deus, que existe no Universo e que forma todas as coisas dos mundos materiais e espirituais, exceto os espíritos:

• Os corpos materiais simples não passam de modificações, de transformações em um elemento único, em um princípio universal designado por éter, fluido cósmico ou fluido universal;

• Esses corpos materiais simples, combinados entre si em diversas proporções, formam a inumerável variedade de corpos materiais compostos;

• O perispírito, envoltório ou corpo fluídico do espírito, posto que de uma natureza etérea e sutil, não é menos matéria com os seus fluidos imponderáveis;

• A matéria que forma o perispírito é da mesma natureza e tem a mesma origem da mais grosseira matéria tangível;

• A matéria do perispírito é também formada das modificações, transformações e combinações do fluido cósmico;

• Durante a vida material, o fluido perispiritual identifica-se com o corpo material, cujas partes penetra;

• Com a morte, o perispírito se desprende do corpo material, mas conserva-se unido à alma, que deixa de ter dois envoltórios, para conservar apenas o mais leve, que está mais em harmonia com o seu estado espiritual;

• O perispírito é o traço de união que liga o mundo espiritual ao mundo corporal;

• O estado corporal se liga ao estado espiritual não só pelo princípio inteligente, mas também pelo envoltório fluídico, que é, ao mesmo tempo, semimaterial e semiespiritual;

• Durante a vida terrena, o ser espiritual e o ser corporal estão confundidos e agem de acordo;

• Os corpos materiais simples, que têm o seu princípio único no fluido cósmico, sofrendo diversas combinações entre si, formam todas as variedades de substâncias que compõem o corpo humano;

• O corpo humano é, na realidade, e em última instância, uma espécie de concentração e de condensação de elementos originários do fluido cósmico;

• O fluido cósmico, sendo o princípio elementar de toda a matéria, é ele mesmo matéria, embora em um estado de completa eterização;

• A formação do perispírito ou corpo fluídico do espírito decorre igualmente de uma condensação do fluido cósmico em redor do foco de inteligência;

• Para a formação do perispírito, a transformação molecular opera-se diferentemente, porque o fluido conserva sua imponderabilidade e suas qualidades etéreas;

• O corpo perispiritual e o corpo humano têm, pois, sua fonte no mesmo fluido universal;

• Tanto o perispírito, quanto o corpo material são compostos de matéria, mas em dois estados diferentes;

• O perispírito é da mesma natureza e tem a mesma origem no fluido universal que forma a mais grosseira matéria;

• O fluido universal é, portanto, o princípio de todos os corpos da natureza, animados ou inanimados;

• No seu estado normal, o perispírito é invisível aos olhos humanos; mas a invisibilidade, a impalpabilidade e a imponderabilidade do fluido perispiritual não são absolutas;

• Em certos casos, a matéria do perispírito pode sofrer uma condensação maior, uma modificação molecular de natureza especial e torná-lo momentaneamente visível ou tangível;

• Essas transformações promovidas no perispírito produzem as aparições dos espíritos;

• As aparições dos espíritos são o produto de um fluido material invisível, tornado visível por força de uma mudança momentânea na sua constituição molecular;

• Por sua essência íntima, o perispírito é matéria; mas não tem as propriedades da matéria tangível;

• Por sua natureza etérea, o perispírito tem, ao mesmo tempo, a materialidade por sua substância, e a espiritualidade por sua impalpabilidade;

• Por sua própria natureza, o fluido cósmico oferece dois estados distintos: o de eterização ou de imponderabilidade, que pode ser considerado como o seu estado normal primitivo; e o de materialização ou de ponderabilidade que, de certo modo, é o seu estado consecutivo;

• Cada um desses dois estados do fluido cósmico necessariamente dá lugar a fenômenos especiais;

• Ao segundo estado pertencem os fenômenos do mundo visível; e ao primeiro estado, os do mundo invisível;

• Os fenômenos chamados materiais, são do campo da ciência propriamente dita; os outros, qualificados de fenômenos espirituais, porque se ligam à existência dos espíritos, são da atribuição do espiritismo.

BIBLIOGRAFIA
KARDEC, Allan. *Revista Espírita – Jornal de Estudos Psicológicos.*
Vol. 1866. Março de 1866.

77

NOVO ABALO NO ESTADO DE SAÚDE DE ALLAN KARDEC

Allan Kardec ficou novamente doente em abril de 1866.

Recebeu, então, sábias instruções e orientações do espírito dr. Demeure, através do médium senhor Desliens, falando em nome de todos os espíritos que contribuíam para a propagação do ensinamento espírita por meio de suas instruções:

• O enfraquecimento no estado de sua saúde, decorria dos excessivos e intermináveis trabalhos;

• A doença atual resultava de um gasto incessante de forças vitais;

• O repouso era indispensável, pois as forças humanas tinham limites. A falta absoluta de repouso não permitia a reparação das energias físicas gastas;

• O desejo de apressar a marcha da doutrina espírita e de ver o seu progresso arruinava a sua saúde e punha em risco o cumprimento da tarefa que tinha vindo desempenhar na Terra;

• As grandes obras destinadas a completar a obra esboçada nas primeiras publicações deveriam ser deixadas para mais tarde;

• A demora, julgada prejudicial ao futuro da doutrina espírita, era uma medida necessária, pois algumas questões ainda não estavam completamente elucidadas;

• Era importante poupar suas forças para o momento em que precisaria contar com todo o vigor do corpo e do espírito;

• Os espíritas, no interesse do próprio espiritismo, deveriam poupá-lo da execução de trabalhos secundários e das perguntas que absorviam a melhor parte do seu tempo;

• Isento de realizar tarefas secundárias, poderia consagrar-se quase que exclusivamente à conclusão da obra;

• A imensa quantidade de correspondência que recebia, e que era fonte preciosa de documentos, de informações e de esclarecimentos para a marcha verdadeira e os progressos reais da doutrina espírita, deveria apenas secundar os trabalhos essenciais e não os entravar;

• O excesso de ocupações era prejudicial, pois afetava a saúde e, consequentemente, o progresso da doutrina espírita.

Allan Kardec publicou a mensagem do espírito dr. Demeure, visando obter a compreensão e o apoio dos espíritas em geral, e para que também tomassem as atitudes que o ajudassem na preservação da sua saúde física.

BIBLIOGRAFIA
KARDEC, Allan. *Revista Espírita – Jornal de Estudos Psicológicos.*
Vol. 1866. Maio de 1866.

78

PEDRAS E FLORES
NO CAMINHO PERCORRIDO

Allan Kardec registrou, da seguinte forma, os acontecimentos constrangedores ocorridos em sua vida, dez anos e meio após ter recebido uma comunicação, por parte do Espírito de Verdade, confirmando de que tinha uma importante, mas difícil missão espiritual a cumprir.

Allan Kardec revelou, também, os grandes benefícios que colheu com o seu trabalho no campo do espiritismo e com a proteção e o auxílio recebidos dos bons espíritos:

> Escrevo esta nota a 1º de janeiro de 1867, dez anos e meio depois que me foi dada a comunicação acima e atesto que ela se realizou em todos os pontos, pois experimentei todas as vicissitudes que me foram preditas.
>
> Andei em luta com o ódio de inimigos encarniçados, com a injúria, a calúnia, a inveja e o ciúme; libelos infames se publicaram contra mim; as minhas melhores instruções foram falseadas; traíram-me aqueles em quem eu mais confiança depositava; pagaram-me com a ingratidão aqueles a quem prestei serviços.
>
> A Sociedade de Paris se constituiu foco de contínuas intrigas urdidas contra mim por aqueles mesmos que se declaravam a meu favor e que, de boa fisionomia na minha presença, pelas costas me golpeavam. Disseram que os que se me conservavam fiéis estavam à minha soldada e que eu lhes pagava com o dinheiro que ganhava do espiritismo.
>
> Nunca mais me foi dado saber o que é o repouso; mais de uma vez sucumbi ao excesso de trabalho, tive abalada a saúde e comprometida a existência.
>
> Graças, porém, à proteção e assistência dos bons espíritos que incessantemente me deram manifestas provas de solicitude, tenho a

ventura de reconhecer que nunca senti o menor desfalecimento ou desânimo e que prossegui, sempre com o mesmo ardor, no desempenho da minha tarefa, sem me preocupar com a maldade de que era objeto.

Segundo a comunicação do Espírito de Verdade, eu tinha de contar com tudo isso e tudo se verificou.

Mas, também, a par dessas vicissitudes, que de satisfações experimentei, vendo a obra crescer de maneira tão prodigiosa!

Com que compensações deliciosas foram pagas as minhas tribulações! Que de bênçãos e de provas de real simpatia recebi da parte de muitos aflitos a quem a doutrina consolou!

Este resultado não mo anunciou o Espírito de Verdade que, sem dúvida intencionalmente, apenas me mostrara as dificuldades do caminho.

Qual não seria, pois, a minha ingratidão, se me queixasse! Se dissesse que há uma compensação entre o bem e o mal, não estaria com a verdade, porquanto o bem, refiro-me às satisfações morais, sobrelevaram de muito o mal.

Quando me sobrevinha uma decepção, uma contrariedade qualquer, eu me elevava pelo pensamento acima da Humanidade e me colocava antecipadamente na região dos espíritos e desse ponto culminante, donde divisava o da minha chegada, as misérias da vida deslizavam por sobre mim sem me atingirem. Tão habitual se me tornara esse modo de proceder, que os gritos dos maus jamais me perturbaram.

BIBLIOGRAFIA
KARDEC, Allan. *Obras Póstumas*. Segunda parte: Minha missão.

79

ESTÍMULOS AO TRABALHO RECEBIDOS

Allan Kardec manifestou-se, da seguinte forma, ao ter recebido, por parte de alguns espíritas da França e do estrangeiro, importantes estímulos à continuidade de seus trabalhos:

Os testemunhos que têm a bondade de nos dar nos são poderoso encorajamento e muito suaves compensações que facilmente nos fazem esquecer as penas e fadigas do caminho.

E como não as esqueceríamos, quando vemos a doutrina crescer incessantemente, vencer obstáculos e que cada dia nos traz novas provas dos benefícios que ela espalha!

Agradecemos a Deus o insigne favor, que nos concede, de testemunhar seus primeiros sucessos e entrever o seu futuro.

Nós lhe pedimos que nos dê as forças físicas e morais necessárias a realizar o que nos resta a fazer, antes de voltar ao mundo dos espíritos.

Aos que têm a bondade de fazer votos pelo prolongamento de nossa demora aqui embaixo, no interesse do espiritismo, diremos que ninguém é indispensável para a execução dos desígnios de Deus; o que fizemos outros o poderiam ter feito e o que não poderemos fazer, outros o farão.

Então quando lhe aprouver chamar-nos, ele saberá prover à continuação de sua obra.

Aquele que for chamado a lhe tomar as rédeas cresce na sombra e revelar-se-á quando for tempo, não por sua pretensão a uma supremacia qualquer, mas por seus atos, útil, pelo momento, que ainda se mantenha à margem.

O Cristo disse: "Aquele que se exaltar será rebaixado." É, pois, entre os humildes de coração que será escolhido, e não entre os que quiserem elevar-se por sua própria autoridade e contra a vontade de

Deus; esses apenas colherão vergonha e humilhação, porque os orgulhosos e os presunçosos serão confundidos.

Que cada um traga a sua pedra ao edifício e se contente com o papel de simples obreiro. Deus, que lê no fundo dos corações, saberá dar a cada um o justo salário de seu trabalho.

BIBLIOGRAFIA

KARDEC, Allan. *Revista Espírita – Jornal de Estudos Psicológicos.* Vol. 1867. Janeiro de 1867.

80

PROPAGAÇÃO DO ESPIRITISMO

Allan Kardec, ao proceder um olhar retrospectivo sobre o movimento espírita, registrou a força com que o espiritismo se propagava:

Há um fato constante: é que os adversários do espiritismo consumiram mil vezes mais força para o abater, sem o conseguir, do que seus partidários para o propagar.

Ele avança, por assim dizer, só, semelhante a um curso d'água que se infiltra através das terras; abre uma passagem à direita, se o barram à esquerda; e pouco a pouco mina as pedras mais duras e acaba por fazer desabarem montanhas.

Um fato notório é que, em seu conjunto, a marcha do espiritismo não sofreu nenhuma parada; ela pode ser entravada, comprimida, desacelerada nalgumas localidades por influências contrárias; mas, como dissemos, a corrente, barrada num ponto, se divide numa porção de filetes.

BIBLIOGRAFIA
KARDEC, Allan. *Revista Espírita – Jornal de Estudos Psicológicos*.
Vol. 1867. Janeiro de 1867.

81

EXPANSÃO DA MEDIUNIDADE

Allan Kardec ressaltou, da seguinte forma, a grande expansão experimentada pela mediunidade, inclusive a curadora:

> O ano de 1866 viu realizadas as previsões dos espíritos sobre vários pontos interessantes da doutrina, entre outros sobre a extensão e os novos caracteres que devia tomar a mediunidade, bem como sobre a produção de fenômenos de natureza a chamar a atenção sobre o princípio da espiritualidade, posto que aparentemente estranhos ao espiritismo.
>
> A mediunidade curadora revelou-se em plena luz, nas circunstâncias mais próprias a fazer sensação; está no germe em muitas outras pessoas.
>
> Em certos grupos manifestam-se numerosos casos de sonambulismo espontâneo, de mediunidade falante, de segunda vista e de outras variedades da faculdade mediúnica que puderam fornecer úteis assuntos de estudo.
>
> Sem ser precisamente novas, essas faculdades ainda estão no nascedouro numa porção de indivíduos; só se mostram em casos isolados e, por assim dizer, ensaiam-se na intimidade. Mas com o tempo adquirirão mais intensidade e vulgarizar-se-ão.
>
> É, sobretudo, quando se revelam espontaneamente em pessoas estranhas ao espiritismo, que chamam a atenção mais fortemente, porque não se pode supor conivência nem admitir a influência de ideias preconcebidas.
>
> Limitamo-nos a assinalar o fato, que cada um pode constatar, e cujo desenvolvimento necessitaria de detalhes muito extensos. Aliás, teremos ocasião de a ele voltar, em artigos especiais.
>
> Em resumo, se nada de muito brilhante assinalou a marcha do

espiritismo nestes últimos tempos, podemos dizer que ela prossegue nas condições normais traçadas pelos espíritos e que só temos que nos felicitar pelo estado das coisas.

BIBLIOGRAFIA

KARDEC, Allan. *Revista Espírita – Jornal de Estudos Psicológicos*. Vol. 1867. Janeiro de 1867.

82

RETRATO DE ALLAN KARDEC DESENHADO E LITOGRAFADO PELO SENHOR BERTRAND

Allan Kardec posicionou-se da seguinte forma, a respeito da colocação à venda de seu retrato desenhado e litografado pelo senhor Bertrand:

O senhor Bertrand é um dos ótimos médiuns escreventes da Sociedade de Paris e deu provas de zelo e devotamento pela doutrina.

Esta consideração, junta ao desejo de lhe ser útil, tornando-o conhecido como artista de talento, fez calar o escrúpulo, por nós tido até aqui, de anunciar a venda de nosso retrato, com receio de que nisto vissem uma presunção ridícula.

Apressamo-nos, pois, em declarar que somos completamente estranho a essa publicação, como a de retratos editados por vários fotógrafos.

BIBLIOGRAFIA
KARDEC, Allan. *Revista Espírita – Jornal de Estudos Psicológicos*.
Vol. 1867. Janeiro de 1867.

83

NOVA VISITA A BORDEAUX

Allan Kardec registrou, com os seguintes pontos, os acontecimentos que marcaram a sua curta excursão espírita a Bordeaux, com paradas, por alguns instantes, em Tours e Orléans, que estavam em seu caminho:

• No banquete simples de confraternização, organizado pela Sociedade de Bordeaux, havia cerca de 120 pessoas, de todas as classes sociais, algumas vindas de Toulouse, Marmande, Villenenuve, Libourne, Niort, Blaye e Carcassonne;

• A reunião de pessoas que tinham por divisa "Fora da caridade não há salvação", e que professavam a tolerância por todas as opiniões e convicções, transcorreu num clima de paz, tranquilidade, fraternidade e bons sentimentos;

• A festa terminou com uma coleta em benefício de pessoas infelizes, sem distinção de crenças, tendo sido formada uma comissão para fazer o imediato emprego do valor arrecadado;

• Apesar de sua curta demora em Bordeaux, pôde assistir a duas sessões na Sociedade: uma consagrada ao tratamento de doentes e outra dedicada a estudos filosóficos. Os bons resultados obtidos eram devidos à perseverança e à boa vontade na condução dos trabalhos;

• Em Tours e Orléans, pôde constatar o crescimento da doutrina, graças à atuação de adeptos sinceros e devotados;

• Um fato constante e característico, que podia ser considerado como um grande progresso social, era a diminuição gradativa e mais ou menos geral das prevenções contra as ideias espíritas. O direito de ser espírita passava a ser reconhecido e respeitado;

• Outro fato indicativo do progresso da doutrina era a pouca importância que os adeptos dedicavam às manifestações físicas extraordinárias dos espíritos;

• O interesse dos espíritas estava concentrado agora: no objetivo sério da doutrina; na valorização das consequências morais do espiritismo; nos recursos que eram oferecidos para o alívio do sofrimento humano; na oportunidade de reencontrar parentes ou amigos falecidos e conversar com eles para ouvir os seus conselhos; no bom médium escrevente que obtinha comunicações raciocinadas, que produziam a consolação e fortaleciam a esperança; e nas práticas que ressaltavam os efeitos moralizadores da doutrina.

BIBLIOGRAFIA
KARDEC, Allan. *Revista Espírita – Jornal de Estudos Psicológicos.*
Vol. 1867. Julho de 1867.

84

METODOLOGIA DESENVOLVIDA E EMPREGADA POR ALLAN KARDEC

Allan Kardec esclareceu, da seguinte forma, os critérios metodológicos que empregou na codificação do espiritismo:

> Nosso papel pessoal, no grande movimento de ideias que se prepara pelo espiritismo, e que já começa a se operar, é o de um observador atento, que estuda os fatos para lhes buscar as causas e tirar as suas consequências.
>
> Temos confrontado todos os fatos que nos foi possível reunir; temos comparado e comentado as instruções dadas pelos espíritos em todos os pontos da Terra; depois temos coordenado tudo metodicamente.
>
> Numa palavra, temos estudado e publicado o fruto de nossas pesquisas, sem atribuir ao nosso trabalho outro valor senão o de uma obra filosófica, deduzida da observação e da experiência, sem jamais nos termos arvorado em chefe de doutrina, nem ter querido impor nossas ideias a ninguém.
>
> Publicando-os, usamos um direito comum; e os que os aceitaram, fixaram-no livremente.
>
> Se essas ideias encontraram numerosas simpatias, é que tiveram a vantagem de corresponder às aspirações de um grande número, de que não poderíamos tirar vantagem, desde que a origem não nos pertence.
>
> Nosso maior mérito é o da perseverança e do devotamento à causa que abraçamos.
>
> Em tudo isto temos feito o que outros poderiam ter feito como nós. Eis porque jamais tivemos a pretensão de nos crer profeta ou messias e, ainda menos, de nos dar por tal.
>
> Sem ter nenhuma das qualidades exteriores da mediunidade efetiva, não contestamos ser assistidos pelos espíritos em nossos trabalhos,

pois temos provas muito evidentes para não duvidar, o que, sem dúvida, devemos à nossa boa vontade, o que é dado a cada um merecer.

Além das ideias que reconhecemos nos serem sugeridas, é notável que assuntos de estudo e de observação, numa palavra, feito quando pode ser útil à realização da obra, sempre nos chega a propósito. Noutros tempos diriam: como por encanto. De sorte que os materiais e documentos do trabalho jamais nos faltam.

Se tivermos que tratar de um assunto, estamos certos que, sem o pedir, os elementos necessários à sua elaboração nos são fornecidos por meios que são absolutamente naturais, mas que, sem dúvida, são provocados por nossos colaboradores invisíveis, como tantas coisas que o mundo atribui ao acaso.

BIBLIOGRAFIA
KARDEC, Allan. *Revista Espírita – Jornal de Estudos Psicológicos.*
Vol. 1867. Setembro de 1867.

85

LANÇAMENTO DO LIVRO
A GÊNESE, OS MILAGRES E AS PREDIÇÕES SEGUNDO O ESPIRITISMO

Allan Kardec trabalhava para publicar um novo livro intitulado *A Gênese, os Milagres e as Predições segundo o Espiritismo*.

Recebeu, então, acerca dessa nova obra, em Ségur, a 9 de setembro de 1867, numa sessão íntima, tendo como médium o sr. D..., a seguinte comunicação espontânea do espírito doutor Demeure:

> Primeiro, duas palavras com relação à obra em preparo.
>
> Como já o temos dito muitas vezes, urge pô-la em execução sem demora e apressar-lhe quanto possível a publicação.
>
> É preciso que a primeira impressão já se tenha produzido nos espíritos, quando estalar o conflito europeu. Se ela tardasse, os acontecimentos brutais poderiam desviar das obras puramente filosóficas a atenção geral; e como essa obra se destina a desempenhar um papel na elaboração em curso, necessário se torna não deixe de ser apresentada em tempo oportuno.
>
> Entretanto, não conviria, por isso, restringir-lhe os desenvolvimentos. Dá-lhe toda a amplitude desejável; cada uma das suas menores partes tem peso na balança da ação e, numa época tão decisiva como esta, nada se deve desprezar, quer na ordem material, quer na ordem moral.
>
> Pessoalmente, estou satisfeito com o trabalho, mas a minha opinião pouco vale, a par da satisfação daqueles a quem ela transformará. O que, sobretudo, me alegra são as consequências que produzirá sobre as massas, tanto no espaço, quanto na Terra.
>
> PERGUNTA DE ALLAN KARDEC: Se nenhum contratempo sobrevier, a obra poderá aparecer em dezembro. Prevês obstáculos?

RESPOSTA DO ESPÍRITO: Não prevejo dificuldades intransponíveis. A tua saúde seria a principal; por isso é que te aconselhamos incessantemente que não te descuides dela. Quanto a obstáculos exteriores, nenhum pressinto de natureza séria.

APRECIAÇÃO DO LIVRO *A GÊNESE* POR PARTE DO ESPÍRITO SÃO LUÍS

Allan Kardec recebeu as seguintes palavras do espírito São Luís sobre a sua obra *A Gênese*. Elas foram psicografadas pelo médium sr. Desliens, em reunião realizada em 18 de dezembro de 1867:

Esta obra vem a ponto, no sentido que a doutrina está hoje bem estabelecida do ponto de vista moral e religioso.

Seja qual for a direção que tome de agora em diante, tem precedentes muito arraigados no coração dos adeptos, para que ninguém possa temer que ela se desvie de sua rota.

O que importava satisfazer antes de tudo, eram as aspirações da alma; era encher o vazio deixado pela dúvida nas almas vacilantes em sua fé. Esta primeira missão hoje está cumprida.

O espiritismo atualmente entra numa nova fase. Ao atributo de consolador, alia o de instrutor e diretor do espírito, em ciência e em filosofia, como em moralidade.

COLOCAÇÃO À VENDA DO LIVRO *A GÊNESE* MUNDIALMENTE

Allan Kardec lançou, em 6 de janeiro de 1868, o seu novo livro, informando que poderia ser comprado em diversos países e localidades, a saber: Argélia, Bélgica, Itália, Inglaterra, Suíça, Espanha, Grécia, Constantinopla, Egito, Prússia, Baviera, Holanda, Portugal, Estados Unidos, Canadá, Canárias, Guadalupe, Cayenne, México, Maurícia, China, Buenos Aires, Montevidéu, Brasil, Ducado de Baden, Peru e Áustria.

Nessa obra, situou Deus, mais uma vez, acima de todas as coisas, por ser o Criador supremo, único, eterno, imutável, imaterial, onipotente, soberanamente inteligente, justo, bom e infinito em todas as perfeições. Ao mesmo tempo, detalhou as relações existentes entre os dois elementos primários criados por Deus: o espírito e a matéria.

Allan Kardec, além de tratar da Trindade Universal – Deus, espírito e matéria –, analisou os poderes especiais de Jesus.

Em função de sua superioridade espiritual e moral e por atuar na condição de mensageiro direto de Deus, desfrutou de um poder extraordinário e de uma autoridade irresistível sobre os homens, os espíritos, os fluidos espirituais e a matéria densa.

Assim, Allan Kardec esclareceu os milagres e os pontos polêmicos e obscuros contidos no Evangelho. Além disso, mostrou como Jesus previu e pressentiu muitos fatos e acontecimentos futuros, que estão registrados no Evangelho.

BROCHURA *CARACTERES DA REVELAÇÃO ESPÍRITA*

Allan Kardec, em fevereiro de 1868, atendendo ao pedido de muitas pessoas, publicou uma tiragem à parte do primeiro capítulo do livro *A Gênese*, na forma de brochura. Esta serviria de meio de propagação das ideias espíritas, por dar a conhecer o verdadeiro caráter da doutrina e, ao mesmo tempo, por servir como refutação às críticas infundadas.

SEGUNDA EDIÇÃO DO LIVRO *A GÊNESE*

Em fevereiro de 1868, Allan Kardec comunicou ao público que, face a primeira edição do livro *A Gênese* estar quase esgotada, estava providenciando uma segunda edição, sem qualquer alteração.

CONSELHOS RECEBIDOS DO ESPÍRITO DR. DEMEURE SOBRE O LIVRO *A GÊNESE*

Allan Kardec recebeu os seguintes conselhos do espírito dr. Demeure, em comunicação particular obtida através do médium sr. Desliens, em reunião de 22 de fevereiro de 1868, face à reedição do livro *A Gênese*, que estava promovendo:

PALAVRAS E PERGUNTA DE ALLAN KARDEC: Em seguida a uma comunicação em que o dr. Demeure me deu conselhos muito sábios sobre modificações a serem feitas no livro *A Gênese*, para a sua reedição, da qual ele me concitava a cuidar sem demora, eu lhe disse:

A venda, até aqui tão rápida, sem dúvida esfriará; foi um efeito do primeiro momento. Creio bem que a quarta e a quinta edições custarão mais a esgotar-se. Todavia, como é preciso certo tempo para a revisão e a reimpressão, cumpre que eu não esteja desprevenido. Poderias dizer--me de quanto tempo, mais ou menos, disponho para tratar disso?

RESPOSTA DO ESPÍRITO: É um trabalho sério essa revisão e eu te aconselho que não tardes muito a começá-lo. Será melhor que o tenhas pronto antecipadamente, do que ficarem à tua espera. Contudo, não te apresses demais.

Sem embargo da aparente contradição das minhas palavras, tu de certo me compreendes. Põe-te desde já a trabalhar, porém não lhe consagres excessivo tempo. Faze-o com o devido vagar; as ideias se te apresentarão mais claras e o teu corpo lucrará, fatigando-se menos.

Deves, entretanto, contar com um esgotamento rápido dos volumes. Quando nós te dizíamos que esse livro seria um grande êxito entre os que tens tido, referíamo-nos simultaneamente a êxito filosófico e material.

Como vês, eram justas as nossas previsões. Importa estejas pronto para qualquer momento; as coisas se passarão com maior rapidez do que supões.

NOTA DE ALLAN KARDEC SOBRE A PREVISÃO DE RÁPIDO ESGOTAMENTO DE SEU NOVO LIVRO: Numa comunicação de 18 de dezembro, fora dito: "Será, certamente, um grande êxito entre os teus êxitos." É notável que, com o intervalo de dois meses, outro espírito repita exatamente as mesmas palavras, dizendo: "Quando nós te dizíamos etc." Essa palavra nos prova que os espíritos agem de acordo e que, às vezes, um só fala por muitos.

TERCEIRA EDIÇÃO DO LIVRO *A GÊNESE*

Allan Kardec, em março de 1868, anunciou que a segunda edição do seu livro *A Gênese* estava quase esgotada. Por isso, estava providenciando a terceira edição, para que não houvesse interrupção nas vendas.

NOVOS CONSELHOS RECEBIDOS DOS ESPÍRITOS PARA A REFORMULAÇÃO DO LIVRO *A GÊNESE*

Allan Kardec recebeu, em 4 de julho de 1868, por intermédio do médium senhor D..., os seguintes conselhos relativos à reformulação da sua obra *A Gênese*:

Vão em bom andamento os teus trabalhos particulares; prossegue na reimpressão da tua última obra; faze a tua tábua geral para o fim do ano; é coisa de utilidade e, quanto ao mais, descansa em nós.

Está apenas em começo a impulsão que *A Gênese* produziu e muitos elementos, abalados por ela, se colocarão, dentro em pouco, sob a tua bandeira. Outras obras sérias também aparecerão, para acabar de esclarecer o juízo humano sobre a nova doutrina.

Ao te aconselharmos ultimamente que não levasses muito tempo para remodelar *A Gênese*, dissemos que terias de fazer-lhe acréscimos em diversos pontos, a fim de preencheres algumas lacunas e de condensares, aqui e ali, a matéria, a fim de não tornares mais extenso o volume.

Não foram perdidas as nossas observações e muito nos alegrará o colaborarmos na remodelação dessa obra, como nos alegrou o termos contribuído para a sua execução.

Recomendo-te hoje que revejas com atenção sobretudo os primeiros capítulos, cujas ideias são todas excelentes, que nada contêm que não seja verdadeiro, mas algumas de cujas expressões poderiam prestar-se a interpretações errôneas.

Salvo essas retificações, que te aconselho a não deixares de lado, porque os antagonistas se lançam às palavras, quando não podem atacar as ideias, nada mais preciso indicar-te sobre o assunto.

Aconselho, entretanto, que não percas tempo; é preferível que os volumes esperem pelo público, do que este por eles. Nada deprecia mais uma obra do que a interrupção da sua venda. Impacientado por não poder satisfazer aos pedidos que recebe, o editor, a quem assim escapam ocasiões de vender o livro, se desinteressa das obras do autor imprevidente. O público se cansa de esperar e a má impressão que daí resulta custa a apagar-se.

BIBLIOGRAFIA

KARDEC, Allan. *A Gênese, os Milagres e as Predições segundo o Espiritismo*.

KARDEC, Allan. *Obras Póstumas*. Segunda parte: Minha nova obra *A Gênese*; *A Gênese*, 22 de fevereiro de 1868; Meus trabalhos pessoais; Projeto 1868.

KARDEC, Allan. *Revista Espírita – Jornal de Estudos Psicológicos*. Vol. 1867. Novembro de 1867.

KARDEC, Allan. *Revista Espírita – Jornal de Estudos Psicológicos*. Vol. 1868. Janeiro, fevereiro e março de 1868.

86

PROGRESSOS DO ESPIRITISMO EM 1867

Allan Kardec relacionou os seguintes progressos alcançados pelo espiritismo durante o ano de 1867:

> O ano de 1867 tinha sido anunciado como devendo ser particularmente proveitoso para o espiritismo, e essa previsão realizou-se plenamente.
>
> Ele viu aparecerem várias obras que, sem lhe trazer o nome, popularizavam os seus princípios.
>
> Se o ano só tivesse tido esses resultados, era para nos felicitarmos. Mas os produziu mais efetivos.
>
> O número das sociedades ou grupos oficialmente conhecidos não aumentou sensivelmente, é verdade; antes até diminuiu, por força das intrigas, com cujo auxílio procuraram miná-los, neles introduzindo elementos de dissolução. Mas, em compensação, o número de reuniões particulares, ou de família, cresceu numa grande proporção.
>
> Além disso, é para todos notório e da própria confissão dos nossos adversários, que as ideias espíritas ganharam terreno consideravelmente.
>
> Se se reunissem todos os pensamentos espíritas que correm o mundo, constituir-se-ia o espiritismo completo. Ora, aí está um fato considerável e um dos mais característicos do ano que se findou.
>
> Entre os fatos materiais que assinalaram esse ano, as curas do zuavo Jacob ocupam o primeiro lugar. Tiveram uma repercussão que todo o mundo conhece.
>
> Em suma, como se vê, o ano foi bom para o espiritismo. Suas falanges recrutaram homens sérios, cuja opinião é tida por alguma coisa num certo mundo.
>
> Nossa correspondência assinala quase por toda a parte um movimento geral de opinião por essas ideias e, coisa bizarra neste século

positivo, as que ganham mais terreno são as ideias filosóficas, muito mais que os fatos materiais de manifestação, que muitas pessoas ainda se obstinam em rejeitar.

De sorte que, perante o maior número, o melhor meio de fazer proselitismo é começar pela filosofia, o que se compreende.

Os princípios que se acreditam com mais facilidade são os da pluralidade dos mundos habitados e o da pluralidade das existências ou reencarnação.

Esses dois princípios têm consequências forçadas, que desembocam em linha reta no espiritismo. Pode-se, pois, considerar o progresso dessas ideias como o primeiro passo para a doutrina, desde que dela são partes integrantes.

Assim, como dissemos alhures, se se observar atentamente o que se passa no mundo, reconhecer-se-á que uma porção de fatos, em aparência estranhos ao espiritismo, parecem vir de propósito para lhe abrir as vias. É no conjunto das circunstâncias que se devem procurar os verdadeiros sinais do progresso.

O futuro do espiritismo, sem contradita, está assegurado; e seria preciso ser cego para o duvidar.

BIBLIOGRAFIA

KARDEC, Allan. *Revista Espírita – Jornal de Estudos Psicológicos.* Vol. 1868. Janeiro de 1868.

87

PIONEIROS DO ESPIRITISMO NA ESPANHA

Allan Kardec fez os seguintes comentários a respeito da reivindicação dos espíritas de Cadiz, na Espanha, que queriam para si a condição de pioneiros na comunicação com os espíritos:

> Por diversas vezes temos tido ocasião de dizer que o espiritismo conta numerosos adeptos na Espanha, o que prova que a compressão das ideias não as impede de se produzir. Desde muito tempo sabíamos que Cadiz era a sede de um importante centro espírita.
>
> Os espíritas de Cadiz reivindicam para a sua cidade a honra de ter sido uma das primeiras, senão mesmo a primeira na Europa, a possuir uma reunião espírita constituída, e recebendo comunicações regulares dos espíritos, pela escrita e pela tiptologia, sobre temas de moral e de filosofia.
>
> Tal pretensão é, com efeito, justificada pela publicação de um livro impresso em espanhol, em Cadiz, em 1854.
>
> Contém de início um prefácio explicativo sobre a descoberta das mesas falantes e da maneira de as utilizar; depois o relato de respostas a perguntas feitas aos espíritos numa série de sessões realizadas em 1853.
>
> O processo consistia no emprego de uma mesinha de três pés e de um alfabeto dividido em três séries, correspondendo cada uma a um dos pés da mesinha.
>
> Sem dúvida as respostas são muito elementares, em comparação ao que hoje se obtém e nem todas são de uma exatidão irreprochável, mas na maioria concordam com o ensinamento atual.
>
> Na época em que quase por toda a parte não se ocupavam das

mesas falantes senão como objeto de recreação, em Cadiz já pensavam em utilizar o fenômeno para instrução séria.

BIBLIOGRAFIA

KARDEC, Allan. *Revista Espírita – Jornal de Estudos Psicológicos*. Vol. 1868. Abril de 1868.

88

RECONHECIMENTO DA GRANDE PROPAGAÇÃO DO ESPIRITISMO

Um fato marcante para a obra de Allan Kardec foi o reconhecimento público feito pelo jornal *Solidarité*, que nunca havia demonstrado qualquer simpatia pela doutrina espírita.

Esse periódico publicou o seguinte artigo, reconhecendo publicamente a grande aceitação do espiritismo por parte do público, bem como a condição favorável que desfrutava no momento, graças ao trabalho realizado por Allan Kardec:

> É difícil, mesmo impossível, apreciar o número das pessoas que creem no espiritismo, mas pode-se dizer que essa crença é geral nos Estados Unidos, e que se propaga cada vez mais na Europa.
>
> Na França, há toda uma literatura espírita. Paris possui dois ou três jornais que a representam. Lyon, Bordeaux, Marselha, cada uma tem o seu.
>
> O senhor Allan Kardec é na França o mais eminente representante do espiritismo. Foi uma felicidade para essa crença ter encontrado um chefe de fila que soube mantê-la nos limites do racionalismo.
>
> E o que há de notável é que a doutrina espírita é mais ou menos a mesma em toda a parte. Se não é estudada senão na França, pode crer-se que as obras do senhor Allan Kardec, que são como a enciclopédia do espiritismo, aí são abundantes.

BIBLIOGRAFIA
KARDEC, Allan. *Revista Espírita – Jornal de Estudos Psicológicos*.
Vol. 1868. Junho de 1868.

89

PRUDÊNCIA DE ALLAN KARDEC NA DEFINIÇÃO DE UM PRINCÍPIO ESPÍRITA

Allan Kardec revelou, da seguinte forma, a prudência que adotava ao definir um princípio espírita:

> O que, até aqui, deu força ao espiritismo, o que dele fez uma ciência positiva e de futuro, é que jamais avançou levianamente; que não se constituiu sobre nenhum sistema preconcebido; que não estabeleceu nenhum princípio absoluto sobre a opinião pessoal, nem de um homem, nem de um espírito, mas somente depois que esse princípio recebeu a consagração da experiência e de uma demonstração rigorosa, resolvendo todas as dificuldades da questão.

> Então, quando formulamos um princípio, é que nos temos assegurado, de início, do assentimento da maioria dos homens e dos espíritos. Eis porque não temos tido decepções.

> Tal é, também, a razão pela qual nenhuma das bases que constituem a doutrina, desde cerca de doze anos, não recebeu desmentido oficial; os princípios do *O Livro dos Espíritos* foram sucessivamente desenvolvidos e completados, mas nenhum caiu em desuso, e nossos últimos escritos não estão, em nenhum ponto, em contradição com os primeiros, a despeito do tempo decorrido e das novas observações que foram feitas.

> Certamente não seria o mesmo se tivéssemos cedido às sugestões dos que incessantemente nos gritavam para ir mais depressa; se tivéssemos escutado os que nos pediam que fôssemos mais lentamente, ainda estaríamos observando as mesas girantes.

> Vamos à frente, quando sentimos que o momento é propício, e vemos que os espíritos estão maduros para aceitar uma ideia nova; detemo-nos quando vemos que o terreno não é bastante sólido para aí fincar o pé.

Com a nossa aparente lentidão e nossa circunspeção muito meticulosa, ao gosto de certas pessoas, temos feito mais caminho do que se nos tivéssemos posto a correr, porque evitamos ir de pernas para o ar no caminho.

Não tendo motivo para lamentar a marcha que temos seguido até agora, não a alteraremos.

BIBLIOGRAFIA

KARDEC, Allan. *Revista Espírita – Jornal de Estudos Psicológicos*. Vol. 1868. Julho de 1868.

90

O ESPIRITISMO É UMA RELIGIÃO?

Allan Kardec respondeu, da seguinte forma, a questão polêmica, que gerava dúvida em muitas pessoas: O espiritismo é uma religião?

O laço estabelecido por uma religião, seja qual for o seu objetivo, é um laço essencialmente moral, que liga os corações, que identifica os pensamentos e as aspirações.

O efeito desse laço moral é o de estabelecer, entre os que ele une, como consequência da comunidade de vistas e de sentimentos, a fraternidade e a solidariedade, a indulgência e a benevolência mútuas.

Se assim é, perguntarão, então: o espiritismo é uma religião?

Ora, sim, sem dúvida, senhores.

No sentido filosófico, o espiritismo é uma religião, e nós nos glorificamos por isto, porque é a doutrina que funda os elos da fraternidade e da comunhão de pensamentos, não sobre uma simples convenção, mas sobre bases mais sólidas: as mesmas leis da natureza.

As reuniões espíritas podem, pois, ser feitas religiosamente, isto é, com o recolhimento e o respeito que comporta a natureza grave dos assuntos de que se ocupa. Pode-se mesmo, na ocasião, aí fazer preces que, em vez de serem ditas em particular, são ditas em comum, sem que por isto as tomem por assembleias religiosas.

Crer num Deus todo-poderoso, soberanamente justo e bom;

Crer na alma e em sua imortalidade;

Na pré-existência da alma como única justificação do presente;

Na pluralidade das existências como meio de expiação, de reparação e de adiantamento moral e felicidade crescente com a perfeição;

Na equitável remuneração intelectual;

Na perfectibilidade dos seres mais imperfeitos;

Na distinção do bem e do mal, conforme o princípio: a cada um segundo as suas obras;

Na igualdade da justiça para todos, sem exceções, favores nem privilégios para nenhuma criatura;

Na duração da expiação limitada pela imperfeição;

No livre-arbítrio do homem, que lhe deixa sempre a escolha entre o bem e o mal;

Crer na continuidade que religa todos os seres passados, presentes e futuros, encarnados e desencarnados;

Considerar a vida terrestre como transitória e uma das fases da vida do espírito, que é eterna;

Aceitar corajosamente as provações, em vista do futuro mais invejável que o presente;

Praticar a caridade em pensamentos, palavras e obras na mais larga acepção da palavra;

Esforçar-se cada dia para ser melhor que na véspera, extirpando alguma imperfeição de sua alma;

Submeter todas as crenças ao controle do livre exame e da razão, e nada aceitar pela fé cega;

Respeitar todas as crenças sinceras, por mais irracionais que nos pareçam e não violentar a consciência de ninguém;

Ver enfim nas descobertas da ciência a revelação das leis da natureza, que são as leis de Deus:

Eis o credo, a religião do espiritismo, religião que se pode conciliar com todos os cultos, isto é, com todas as maneiras de adorar a Deus.

É o laço que deve unir todos os espíritas numa santa comunhão de pensamentos, esperando que ligue todos os homens sob a bandeira da fraternidade universal.

BIBLIOGRAFIA
KARDEC, Allan. *Revista Espírita – Jornal de Estudos Psicológicos*.
Vol. 1868. Dezembro de 1868.

91

NÚMERO DE ADEPTOS DO ESPIRITISMO

Allan Kardec procurou estimar, com base no resultado de um levantamento com mais de dez mil observações, o número de adeptos e simpatizantes das ideias espíritas.

Ele sabia que esse número aumentava dia a dia numa proporção considerável, pois os princípios espíritas eram bem aceitos em toda a parte; a oposição e a resistência às ideias espíritas haviam diminuído; e os adversários não encontravam argumentos convincentes ou consistentes para deter a marcha do espiritismo.

Dessa forma, Allan Kardec afirmou:

> Pode-se afirmar, sem exagero, que o número dos adeptos centuplicou em dez anos, malgrado as manobras empregadas para abafar a ideia e contrariamente às previsões de todos os que se vangloriavam de a ter enterrado.
>
> Em relação às nacionalidades, não existe, por assim dizer, nenhum país civilizado da Europa e da América onde não haja espíritas.
>
> Eles são mais numerosos nos Estados Unidos da América do Norte. Seu número aí é calculado, por uns, em quatro milhões, o que já é muito.
>
> Na Europa, a cifra pode ser avaliada em um milhão, no qual a França figura com seiscentos mil.
>
> Pode-se estimar o número dos espíritas do mundo inteiro em seis ou sete milhões.
>
> Há espíritas em todos os graus da escala social.
>
> A grande maioria dos espíritas se acha entre as pessoas esclarecidas e não entre as ignorantes.
>
> Em resumo, o espiritismo é acolhido como um benefício pelos que ele ajuda a suportar o fardo da vida, e é repelido ou desdenhado por aqueles a quem prejudicaria o gozo da vida.

Allan Kardec, para sua surpresa, foi contestado, da seguinte forma, pelo jornal *Solidarité*, a respeito desses seus números sobre os adeptos do espiritismo:

> Engana-se muito a *Revista Espírita* quando estima apenas em seis ou sete milhões o número de espíritas para o mundo inteiro.
> Evidentemente se esqueceu de contar a Ásia.
> Se pelo termo espírita entendem-se as pessoas que creem na vida de além-túmulo e nas relações dos vivos com a alma das pessoas mortas, há que contá-lo por centenas de milhões.

Em função disso, Allan Kardec reconsiderou:

> Desnecessário dizer que aderimos completamente a essa retificação, e nos sentimos felizes que ela emane de uma fonte estranha, porque isto prova que não procuramos carregar as tintas do quadro.

BIBLIOGRAFIA
KARDEC, Allan. *Revista Espírita – Jornal de Estudos Psicológicos.*
Vol. 1869. Janeiro e fevereiro de 1869.

92

MUDANÇA DE ENDEREÇO DE ALLAN KARDEC

Allan Kardec e sua esposa tinham o domicílio particular na rue Saint-Anne, nº 59, travessa de Sainte-Anne, desde 15 de julho de 1860. Nesse mesmo endereço funcionava também o escritório da *Revista Espírita*.

Porém, durante o mês de março de 1869, Allan Kardec estaria trabalhando ativamente na mudança de seu domicílio pessoal para a avenue et villa Ségur, nº 39, atrás dos Inválidos.

A *Revista Espírita*, a Livraria Espírita e a Sociedade Parisiense de Estudos Espíritas, estariam localizadas na rue de Lille, nº 7.

Essas mudanças deveriam estar concluídas em 1º de abril de 1869.

BIBLIOGRAFIA
KARDEC, Allan. *Revista Espírita – Jornal de Estudos Psicológicos.*
Vol. 1869. Fevereiro e março de 1869.

93

MORTE SÚBITA DE ALLAN KARDEC

Allan Kardec faleceu, repentinamente, no dia 31 de março de 1869, por volta das 11:30 horas, no escritório da *Revista Espírita*. Ele entregava

um número da *Revista* a um caixeiro de livraria que acabava de comprá-lo; ele se curvou sobre si mesmo, sem proferir uma única palavra: estava morto.

Sozinho em sua casa (rue Saint-Anne), Kardec punha em ordem livros e papéis para a mudança que se vinha processando e que deveria terminar amanhã.

Seu empregado, aos gritos da criada e do caixeiro, acorreu ao local, ergueu-o... nada, nada mais. Delanne acudiu com toda a presteza, friccionou-o, magnetizou-o, mas em vão. Tudo estava acabado.

A causa da morte de Allan Kardec foi descrita, da seguinte forma, pelos espíritas que o cercavam:

Trabalhador infatigável, sempre o primeiro e o último a postos, Allan Kardec sucumbiu a 31 de março de 1869, em meio aos preparativos de mudanças de local, exigida pela extensão considerável de suas múltiplas ocupações.

Numerosas obras em via de conclusão, ou que aguardavam o tempo oportuno para aparecerem, virão um dia provar, ainda mais, a extensão e o poder de suas concepções.

Morreu como viveu: trabalhando.

Há longos anos sofria de uma moléstia do coração, que só podia ser combatida pelo repouso intelectual e alguma atividade material. Mas, inteiramente dedicado ao seu trabalho, recusava-se a tudo quanto pudesse tomar-lhe o tempo, em prejuízo de suas ocupações prediletas. Nele, como em todas as almas fortemente temperadas, a lâmina gastou a bainha.

O corpo tornava-se pesado e se recusava a servi-lo, mas o espírito, mais vivo, mais enérgico, mais fecundo, alargava cada vez mais o seu círculo de atividades.

Numa luta desigual, a matéria não podia resistir eternamente. Um dia foi vencida: o aneurisma rompeu-se e Allan Kardec caiu fulminado.

Um homem deixava a Terra, mas um grande nome tomava lugar entre as ilustrações deste século; um grande espírito ia retemperar-se no infinito, onde todos os que ele havia consolado e esclarecido impacientemente esperavam sua chegada.

BIBLIOGRAFIA

KARDEC, Allan. *Revista Espírita – Jornal de Estudos Psicológicos*.
Vol. 1869. Maio de 1869.

WANTUIL, Zêus & THIESEN, Francisco. *Allan Kardec*.
Vol. III: Pesquisa biobibliográfica e ensaios de interpretação.
Capítulo 3: A desencarnação.

94

PALAVRAS DOS SUCESSORES DE ALLAN KARDEC NA *REVISTA ESPÍRITA*

Os sucessores de Allan Kardec na *Revista Espírita* escreveram as seguintes palavras a respeito de Allan Kardec:

É sob o golpe da dor profunda causada pela partida prematura do venerável fundador da doutrina espírita que iniciamos uma tarefa, simples e fácil para as suas mãos sábias e experimentadas, mas cujo peso e gravidade nos acabrunhariam, se não contássemos com o concurso eficaz dos bons espíritos e com a indulgência dos nossos leitores.

Quem, entre nós, poderia, sem ser taxado de presunçoso, gabar--se de possuir o espírito de método e de organização com que se iluminam todos os trabalhos do mestre?

Só a sua poderosa inteligência poderia concentrar tantos materiais diversos, triturá-los, transformá-los, para, a seguir, os espalhar como um orvalho benfazejo sobre as almas desejosas de conhecer e de amar!

Incisivo, conciso, profundo, ele sabia agradar e fazer-se compreender, numa linguagem ao mesmo tempo simples e elevada, tão afastada do estilo familiar quanto das obscuridades da metafísica.

Multiplicando-se incessantemente, até aqui ele havia atendido a tudo. Entretanto, o diário crescimento de suas relações e o incessante desenvolvimento do espiritismo o fizeram sentir a necessidade de contar com alguns auxiliares inteligentes, e ele preparava, simultaneamente, a organização nova da doutrina e de seus trabalhos, quando nos deixou para ir a um mundo melhor, colher o prêmio da missão cumprida e reunir os elementos para uma nova obra de devotamento e de sacrifício.

BIBLIOGRAFIA
KARDEC, Allan. *Revista Espírita – Jornal de Estudos Psicológicos.*
Vol. 1869. Maio de 1869.

95

ELOGIOS DO SENHOR LEVENT, PRONUNCIADOS DIANTE DO TÚMULO DE ALLAN KARDEC

O senhor Levent, vice-presidente da Sociedade Parisiense de Estudos Espíritas, proferiu os seguintes elogios a Allan Kardec, diante de seu túmulo:

> Em nome da Sociedade Espírita de Paris, da qual tenho a honra de ser vice-presidente, venho exprimir seu pesar pela perda cruel que acaba de sofrer, na pessoa de seu venerável mestre, sr. Allan Kardec, morto subitamente anteontem, quarta-feira, nos escritórios da *Revista*.
>
> A vós, senhores, que todas as sextas-feiras vos reuníeis na sede da Sociedade, não preciso lembrar essa fisionomia ao mesmo tempo benevolente e austera, esse tacto perfeito, essa justeza de apreciação, essa lógica superior e incomparável que nos parecia inspirada.
>
> A vós, que todos os dias da semana partilháveis dos trabalhos do mestre, não retraçarei seus labores contínuos, sua correspondência com as quatro partes do mundo, que lhe enviavam documentos sérios, logo classificados em sua memória e preciosamente recolhidos para serem submetidos ao cadinho de sua alta razão e formar, depois de um trabalho escrupuloso de elaboração, os elementos dessas obras preciosas que todos conheceis.
>
> Oh! Se, como a nós, vos fosse dado ver esta massa de materiais acumulados no gabinete de trabalho desse infatigável pensador; se, conosco, tivésseis penetrado no santuário de suas meditações, veríeis esses manuscritos, uns quase terminados, outros em curso de execução, outros, enfim, apenas esboçados, espalhados aqui e ali, e que

parecem dizer: "Onde está agora o nosso mestre, sempre tão madrugador no trabalho?"

BIBLIOGRAFIA

KARDEC, Allan. *Revista Espírita – Jornal de Estudos Psicológicos.* Vol. 1869. Maio de 1869.

96

ELOGIOS DO SENHOR CAMILLE FLAMMARION, DIANTE DO TÚMULO DE ALLAN KARDEC

O senhor Camille Flammarion, astrônomo de renome internacional, escritor e membro da Sociedade Parisiense de Estudos Espíritas, em seu extenso discurso diante do túmulo de Allan Kardec, ressaltou as seguintes características marcantes do codificador do espiritismo:

Allan Kardec era o que eu chamarei simplesmente o bom-senso encarnado.

Raciocínio reto e judicioso, aplicava, sem esquecer, à sua obra permanente as indicações íntimas do senso comum.

Aí não estava uma qualidade menor, na ordem das coisas que nos ocupam. Era – pode-se afirmar – a primeira de todas e a mais preciosa, sem a qual a obra não poderia tornar-se popular, nem lançar no mundo as suas raízes imensas.

BIBLIOGRAFIA
KARDEC, Allan. *Revista Espírita – Jornal de Estudos Psicológicos.*
Vol. 1869. Maio de 1869.

97

AGRADECIMENTOS DO SENHOR ALEXANDRE DELANNE, DIANTE DO TÚMULO DE ALLAN KARDEC

Soubestes, pioneiro emérito, coordenar a pura filosofia dos espíritos, e pô-la ao alcance de todas as inteligências, desde as mais humildes, que elevastes, até às mais eruditas, que vieram até vós e hoje se contam modestamente em nossas fileiras.

Obrigado, nobre coração, pelo zelo e pela perseverança que pusestes em nos instruir.

Obrigado por vossas vigílias e vossos labores, pela vigorosa fé que nos transmitistes.

Obrigado pela felicidade presente que desfrutamos, pela felicidade futura que nos fizestes certeza, quando nós, como vós, tivermos entrado na grande pátria dos espíritos.

Obrigado ainda pelas lágrimas que enxugastes, pelos desesperos que acalmastes e pela esperança que fizestes brotar nas almas abatidas e desencorajadas.

Obrigado, mil vezes obrigado, em nome de todos os confrades da França e do estrangeiro! Até breve.

BIBLIOGRAFIA
KARDEC, Allan. *Revista Espírita – Jornal de Estudos Psicológicos.*
Vol. 1869. Maio de 1869.

98

ELOGIOS DO SENHOR E. MULLER, DIANTE DO TÚMULO DE ALLAN KARDEC

O senhor E. Muller, amigo pessoal de Allan Kardec, proferiu os seguintes elogios diante de seu túmulo:

A tolerância absoluta era a regra de Allan Kardec.

Seus amigos, seus discípulos pertencem a todas as religiões: israelitas, maometanos, católicos e protestantes de todas as seitas; pertencem a todas as classes: ricos, pobres, cientistas, livres-pensadores, artistas e operários etc...

Todos puderam vir aqui, graças a esta medida que não compromete nenhuma consciência e constituirá um bom exemplo.

Ele tinha horror à preguiça e à ociosidade; e este grande trabalhador morreu de pé, após um labor imenso, que acabou ultrapassando as forças de seus órgãos, mas não as do espírito e do coração.

Era como predestinado, bem o vedes, a espalhar e vulgarizar esta admirável filosofia que nos faz esperar o trabalho no além-túmulo e o progresso indefinido de nossa individualidade, que se conserva melhorando-se.

Soube tirar dos fatos, considerados como ridículos e vulgares, admiráveis consequências filosóficas e toda uma doutrina de esperança, de trabalho e de solidariedade, parecendo assim em paralelismo com o verso de um poeta que amava: "Mudar o chumbo vil em ouro puro."

Sob o esforço de seu pensamento tudo se transformava e engrandecia, aos raios de seu coração ardente; sob sua pena tudo se precisava e se cristalizava, por assim dizer, em frases de clareza deslumbrante.

Tomava para seus livros esta admirável epígrafe: "Fora da caridade não há salvação", cuja aparente intolerância ressalta a tolerância absoluta.

Transformava as velhas fórmulas e, sem negar a feliz influência da fé, da esperança e da caridade, arvorava uma nova bandeira, ante a qual todos os pensadores podem e devem inclinar-se, porque esse estandarte do futuro leva escritas estas três palavras: razão, trabalho e solidariedade.

Saibamos honrar o filósofo e o amigo, praticando suas máximas e trabalhando, cada um na medida de suas forças, para propagar aquelas que nos encantaram e convenceram.

BIBLIOGRAFIA

KARDEC, Allan. *Revista Espírita – Jornal de Estudos Psicológicos.* Vol. 1869. Maio de 1869.

99

ELOGIOS DO *LE JOURNAL PARIS*

O *Le Journal Paris* publicou, em 3 de abril de 1869, os seguintes elogios a Allan Kardec:

Vimo-lo deitado num simples colchão, no meio daquela sala das sessões que há longos anos presidia; vimo-lo com o rosto calmo, como se extinguem aqueles a quem a morte não surpreende, e que, tranquilo quanto ao resultado de uma vida vivida honesta e laboriosamente, deixam como que um reflexo da pureza de sua alma sobre esse corpo que abandonam à matéria.

Resignados pela fé numa vida melhor e pela convicção da imortalidade da alma, numerosos discípulos foram dar um último olhar a esses lábios descorados que, ainda ontem, lhes falava a linguagem da Terra.

Mas já tinham a consolação do além-túmulo; o espírito Allan Kardec viera dizer como tinha sido o seu desprendimento, quais as suas impressões primeiras, quais de seus predecessores na morte tinham vindo ajudar sua alma a desprender-se da matéria.

Se "o estilo é o homem", os que conheceram Allan Kardec vivo só podiam comover-se com a autenticidade dessa comunicação espírita.

BIBLIOGRAFIA
KARDEC, Allan. *Revista Espírita – Jornal de Estudos Psicológicos.*
Vol. 1869. Maio de 1869.

100

INSTRUÇÕES DO ESPÍRITO ALLAN KARDEC

O espírito Allan Kardec, uma vez restabelecido na vida espiritual, transmitiu as seguintes instruções importantes aos seus discípulos e amigos espíritas:

Como vos agradecer, senhores, pelos vossos bons sentimentos e pelas verdades expressas eloquentemente sobre os meus despojos mortais?

Não podeis duvidar: eu estava presente e profundamente feliz, tocado pela comunhão de pensamento que nos unia pelo coração e pelo espírito.

Se o espiritismo não é minha obra, ao menos eu lhe dei tudo quanto as forças humanas me permitiram lhe desse.

É como colaborador enérgico e convicto, como campeão de todos os instantes da grande doutrina deste século, que o amo e ficaria infeliz se o visse perecer, caso isto fosse possível.

Na fase nova em que entramos, a energia deve substituir a apatia; a calma deve substituir o ímpeto.

Sede tolerantes uns para com os outros; agi sobretudo pela caridade, pelo amor, pela afeição.

Oh! Se conhecêsseis todo o poder desta alavanca!

Coragem, pois, e esperança. A esperança!... Esse facho que os vossos infelizes irmãos não podem perceber através das trevas do orgulho, da ignorância, do materialismo, não o afasteis ainda mais de seus olhos.

Amai-os; fazei com que vos amem, que vos ouçam, que olhem! Quando tiverem visto, ficarão deslumbrados.

Como então serei feliz, meus amigos, meus irmãos, ao ver que meus esforços não terão sido inúteis e que Deus terá abençoado a nossa obra!

Nesse dia haverá no céu uma grande alegria, uma grande ebriez!

A Humanidade estará livre do jugo terrível das paixões que a acorrentam e pesam sobre ela com peso esmagador.

Então, na Terra não mais existirá o mal, nem o sofrimento, nem a dor; porque os verdadeiros males, os sofrimentos reais, as dores cruciantes vêm da alma. O resto é apenas o deslizar fugitivo de um rocio sobre as vestes!...

Ao clarão da liberdade e da caridade humanas, todos os homens, reconhecendo-se, dirão: "Somos irmãos" e só terão no coração um mesmo amor, na boca, uma só palavra, nos lábios um só murmúrio: Deus!

BIBLIOGRAFIA
KARDEC, Allan. *Revista Espírita – Jornal de Estudos Psicológicos.*
Vol. 1869. Maio de 1869.

101

OUTRAS INSTRUÇÕES DO ESPÍRITO ALLAN KARDEC

O espírito Allan Kardec transmitiu as seguintes instruções aos espíritas, em sessão realizada na Sociedade Parisiense de Estudos Espíritas, em 30 de abril de 1869:

Nossos trabalhos como espíritos são muito mais extensos do que podeis supor, e os instrumentos de nossos pensamentos nem sempre estão disponíveis.

Tenho ainda alguns conselhos a dar-vos sobre a marcha que deveis seguir perante o público, com o fito de fazer progredir a obra a que devotei minha vida corporal, e cujo aperfeiçoamento acompanho na erraticidade.

O que vos aconselho antes de mais nada e sobretudo é a tolerância, a afeição, a simpatia de uns para com os outros e também para com os incrédulos.

As brochuras, os jornais, os livros, as publicações de toda a espécie são meios poderosos de introduzir a luz por toda a parte, mas o mais seguro, o mais íntimo e o mais acessível a todos é o exemplo da caridade, a doçura e o amor.

Espíritas, sois todos irmãos na mais santa acepção do termo.

Pedindo que vos ameis uns aos outros, limito-me a lembrar a divina palavra daquele que, há mil e oitocentos anos, pela primeira vez trouxe à Terra o germe da igualdade. Segui a sua lei: ela é a vossa.

Nada mais fiz do que tornar mais palpáveis alguns de seus ensinamentos.

Ah! Quando todos os homens compreenderem tudo o que encerram as palavras amor e caridade, na Terra não haverá mais soldados nem inimigos; só haverá irmãos; não haverá mais olhares torvos e irritados; só haverá frontes inclinadas para Deus!

BIBLIOGRAFIA
KARDEC, Allan. *Revista Espírita – Jornal de Estudos Psicológicos*. Vol. 1869. Junho de 1869.

PALAVRAS FINAIS

Eis aí, em detalhes e de um modo abrangente, o legado de Allan Kardec, construído com muito trabalho, sabedoria, bom-senso, persistência e grandeza moral, num espaço muito curto de tempo.

Allan Kardec enfrentou acontecimentos inusitados e difíceis durante a missão de constituir o espiritismo, mas venceu as provas e os desafios surgidos adotando atitudes grandiosas, graças às suas qualidades pessoais elevadas e características nobres.

Allan Kardec, com a consolidação da doutrina espírita, possibilitou a entrada da Humanidade numa nova era, certamente a mais grandiosa de todas: a do espírito, por valorizar e cultivar o elemento principal da obra de Deus.

Mas a era do espírito somente estará plenamente implantada na Terra quando consolidada a transformação dos homens, pautada na evangelização, moralização e espiritualização, que permitem o conhecimento e a prática das lições de Jesus e de Allan Kardec, obtidas graças aos ensinos dos espíritos superiores, através de médiuns.

Com certeza, essa nova era vem sendo gradualmente implantada na Terra, possibilitando à Humanidade atingir, um pouco mais à frente, o equilíbrio entre o progresso intelectual e o moral. Dessa forma, os homens, dia após dia, estarão vivendo em maior paz e harmonia, praticando o amor, a caridade, a fraternidade e a solidariedade, que estarão cada vez mais difundidos, em todos os cantos do planeta.

Portanto, o Evangelho de Jesus e as obras de Allan Kardec estão cumprindo uma missão importantíssima: a de fazer os homens, ao lado das conquistas intelectuais e materiais, valorizarem os tesouros religiosos, espirituais e morais e praticarem as virtudes. Isso, em outras palavras, significa: cumprir as leis de Deus, conquistar a sabedoria aliada ao amor, praticar de modo perseverante o bem, realizar as boas obras e fazer bom emprego das faculdades da alma.

A nós, individualmente, cabe, desde já, conquistar a prosperidade espiritual ao lado da material, pelas práticas acima citadas. Dessa forma, desfrutamos, desde já, do progresso, da saúde, do bem-estar, da alegria e da felicidade, e preparamos a alma para o retorno vitorioso às regiões da vida espiritual, onde estão presentes as bem-aventuranças imperecíveis prometidas por Jesus e descortinadas por Allan Kardec.

APÊNDICE

CRONOLOGIA DOS FATOS QUE MARCARAM A VIDA DO PROFESSOR RIVAIL

1. No dia 3 de outubro de 1804, às 19:00 horas, nasceu em Lyon, na França, Denizard Hippolyte Léon Rivail.

2. No registro civil ou certidão de nascimento, feito no dia seguinte ao do nascimento, constou como filho de Jean Baptiste Antoine Rivail, magistrado, juiz, e Jeanne Louise Duhamel, sua esposa, domiciliados em Lyon, rua Sala, nº 76. As testemunhas foram Syriaque-Frédéric Dittmar e Jean François Turge, à requisição do médico Pierre Radamel.

3. Em 15 de junho de 1805, no registro de batismo, procedido pelo padre Barthe, na igreja Saint-Denis de La Croix Rousse, figurou o nome de Hippolyte Léon Denizard Rivail. Este nome foi o adotado em sua vida.

4. Em 1814, então com dez anos de idade, Rivail mudou-se para Yverdon, na Suíça, para completar os seus estudos no instituto de educação fundado e dirigido pelo notável professor Johann Heinrich Pestalozzi (1746-1827).

5. Em 1822, com 18 anos de idade, Rivail retornou para Paris, passando a residir na rua de la Harpe, nº 117.

6. Para ganhar dinheiro, começou a exercer o magistério, a traduzir livros do inglês e do alemão para o francês, e a escrever livros didáticos.

7. A partir de 1º de fevereiro de 1823, começou a anunciar o lançamento de seu primeiro livro, em dois volumes, intitulado *Curso prático e*

teórico de aritmética. Essa obra, com 624 páginas, foi colocada à venda em 6 de dezembro de 1823, tendo como autor H. L. D. Rivail, indicando a adoção definitiva do nome de batismo Hippolyte Léon Denizard Rivail.

8. A aceitação desse livro pelo público foi ótima e o sucesso foi imediato, pela qualidade pedagógica e pela didática inovadora. Isto exigiu duas reedições, em 1824, e várias outras edições nos anos seguintes.

9. Em 1823, interessado em conhecer as teorias sobre o magnetismo animal do médico austríaco Franz Anton Mesmer (1734-1815), o professor Rivail passou a frequentar os trabalhos da Sociedade de Magnetismo de Paris.

10. Em 1824, publicou um novo livro: *Aritmética do primeiro grau*, tendo tido, também, grande sucesso.

11. A partir de 1825, em decorrência dos seus títulos e trabalhos realizados no campo do magistério, fundou e dirigiu a Escola de Primeiro Grau, destinada a dar instrução primária às crianças, empregando os métodos do mestre Pestalozzi.

12. Ainda em 1825, publicou o folheto *Escola de primeiro grau*, onde registrou as suas experiências sobre o assunto.

13. Nesse mesmo ano, publicou o livro *Plano de uma escola graduada, segundo o método Pestalozzi*, revelando suas preocupações pedagógicas.

14. Em 1826, o professor Rivail fundou a Instituição Rivail, situada à rua de Sèvres, n° 35.

15. Essa instituição funcionou até 1834, oferecendo ensino secundário aos jovens e tendo sido conduzida com seriedade e uma metodologia inovadora.

16. Em 1828, mudou-se para a rua de Vaugirard, n° 65.

17. Em junho de 1828, publicou o livro *Plano proposto para a melhoria da educação pública*, contendo contribuições para melhorar os resultados no ensino público às crianças.

18. Ainda em 1828, obteve o diploma de membro correspondente da Sociedade Real de Emulação, de Agricultura, Ciências, Letras e Artes do Departamento do Ain.

19. Em 1829, como *chef d'instituion* pela Academia de Paris, obteve o diploma de membro residente da Sociedade Gramatical.

20. Ainda em 1829, publicou o livro *Aritmética do segundo grau*.

21. Nesse mesmo ano, tornou-se membro fundador da Sociedade de Previdência dos Diretores de Instituições e Pensões de Paris.

22. Em fevereiro de 1830, publicou a tradução para o alemão,

contendo notas e comentários, dos três primeiros livros da obra *Telêmaco*, de autoria de Fénelon.

23. Ainda em 1830, obteve o diploma de membro da Sociedade Promotora da Indústria Nacional.

24. Nesse mesmo ano, obteve ainda o diploma de membro titular da Sociedade Francesa de Estatística Universal.

25. Em janeiro de 1831, publicou o livro *Gramática francesa clássica, de acordo com um novo plano*. Para facilitar o acesso do público à obra, disponibilizou como ponto de venda inclusive a sua casa à rua Vaugirard, nº 65, onde residia desde 1828.

26. Em fins de fevereiro de 1831, estimulado pelo sucesso editorial de seus livros, encaminhou à comissão encarregada pelo governo de revisar a legislação sobre a instrução pública e de preparar um projeto de lei de organização geral do ensino, um trabalho, contendo ideias e sugestões com base em suas experiências profissionais. Essa contribuição foi intitulada de *Memória sobre a instrução pública*.

27. Ainda em 1831, obteve o diploma da Sociedade de Educação Nacional.

28. Nesse mesmo ano, foi contemplado com o diploma de membro titular da Academia da Indústria Agrícola, Manufatureira e Comercial.

29. Mereceu ainda a medalha de ouro e o diploma de membro da Academia de Arras pelo Encorajamento das Ciências, das Letras e das Artes, pela vitória num concurso sobre o ensino e a educação, com o trabalho *Qual o sistema de estudos mais em harmonia com as necessidades da época?*

30. Em 9 de fevereiro de 1832, o professor Rivail (nome adotado em seus trabalhos literários), tendo como profissão o cargo de diretor de instituição de ensino, morador na rua de Sèvres, nº 35, casou-se com a professora de letras e belas-artes Amélie Gabrielle Boudet (nascida em 22 de novembro de 1795, em Thiais, tendo como pai Julien Louis Boudet e mãe Julie Louise Saigne de la Combe; e testemunhas do casamento Gabriel Nicolas Croisette Desnoyers e Françoise Marie Petit).

31. Os recém-casados, então, passaram a residir no Instituto Técnico Rivail, situado na rua de Sèvres, nº 35.

32. Em 1833, publicou o livro *Manual de geografia, para professores*.

33. Em 1834, publicou o *Discurso pronunciado por ocasião da distri-*

buição dos prêmios de 14 de agosto de 1834, como diretor da Instituição Rivail e membro da Academia de Indústria.

34. No final desse mesmo ano, decidiu pelo encerramento das atividades da Instituição Rivail, para dedicar-se a escrever novos livros didáticos; a traduzir para o francês obras inglesas e alemãs; e a preparar e coordenar cursos com o professor Lévi-Alvarès, da escola do *faubourg* Saint-Germain.

35. Além disso, passou a trabalhar como contabilista em três casas comerciais.

36. Ainda nesse mesmo ano, obteve o diploma de membro titular do Instituto Histórico.

37. Em 1835, obteve o diploma da Sociedade das Ciências Naturais de França.

38. No período de 1835 a 1840, o casal Rivail manteve em sua casa cursos gratuitos de química, física, astronomia, fisiologia e anatomia comparada, destinados a alunos pobres que se esforçavam para melhorar de vida.

39. Em 1837, obteve o diploma do Instituto de Línguas.

40. Em 1838, publicou o *Programa dos estudos, segundo o plano de instrução de H. L. D. Rivail.*

41. Em 1845, publicou o livro *Introdução ao estudo da aritmética ou Curso de cálculo mental.*

42. Nesse mesmo ano, publicou o livro *Instrução prática para concursos públicos*, em 3 volumes.

43. Publicou ainda, neste mesmo ano, o *Programa dos estudos de instrução primária.*

44. Publicou também o *Programa dos cursos usuais de física, química, astronomia e fisiologia, professados pelo sr. Rivail no Liceu Polimático.*

45. Em 1846, publicou o *Manual dos exames para os certificados de capacidade*, destinado aos exames do Hôtel-de-Ville e da Sorbonne.

46. Em 1847, estimulado pelo seu alto prestígio e mérito como educador e membro da Academia Real das Ciências de Arrás, do Instituto Histórico e da Sociedade das Ciências Naturais de França, publicou o livro *Projeto de reforma referente aos exames e aos educandários de jovens.* Com essa obra, sugeria medidas concretas para a organização e orientação do ensino e propunha melhorias na redação dos livros escolares.

47. Ainda, nesse mesmo ano, publicou o livro *Soluções dos exercícios e problemas do Tratado completo de aritmética.*

48. Além disso, foi contemplado com o diploma de membro da Sociedade para a Instrução Elementar.

49. Nesse mesmo ano, elaborou ainda o *Projeto de reforma referente aos exames e aos educandários para moças*.

50. Em abril de 1848, publicou no jornal *Le Courrier de l'Enseignement – Journal des Réformes et des Progrès de l'Education* um trabalho recomendando providências para uma melhor capacitação dos professores.

51. Em junho de 1848, publicou o livro *Catecismo gramatical da língua francesa*, destinado às crianças do primeiro ciclo primário.

52. Em 1849, publicou em coautoria com D. Lévi-Alvarès, o livro *Ditados normais dos exames*, para a Sorbonne, o Hôtel-de-Ville e todas as academias da França.

53. Nesse mesmo ano, decidiu concentrar sua dedicação às cadeiras de fisiologia, astronomia, química e física no Liceu Polimático.

54. No período de 26 de janeiro a 13 de abril de 1850, publicou, respectivamente, os livros *Ditados do primeiro grau* e *Ditados do segundo grau*. Essas obras eram destinadas aos estudos primários e à introdução ao *Ditados normais dos exames*.

55. Em 1854, num encontro casual com o senhor Fortier, que era velho conhecido, tomou conhecimento, pela primeira vez, do fenômeno das mesas girantes. A causa desse fenômeno foi atribuída a uma das propriedades do magnetismo.

56. A partir de então, os rumos da vida do professor Rivail mudaram completamente, como está descrito detalhadamente a partir do capítulo 1 deste livro.

BIBLIOGRAFIA

ABREU, Canuto. *O Primeiro Livro dos Espíritos de Allan Kardec*, publicado aos 18 de abril de 1857, em Paris. (Edição comemorativa do primeiro centenário de *O Livro dos Espíritos*) Texto bilíngue. Trad. Canuto Abreu. São Paulo, Companhia Editora Ismael, 1957.

AMORIM, Deolindo. *Allan Kardec*. Juiz de Fora, Instituto Maria, s.d.

ANDRADE, Geziel. *A trajetória do espiritismo*. Capivari, Editora EME, 2000.

_____. *Allan Kardec e a mediunidade*. Capivari, Editora EME, 2004.

AUDI, Edson. *Vida e obra de Allan Kardec*. Niterói, Lachâtre, 2004.

BIGHETTI, Leda. *Allan Kardec em verdade e luz*. Ribeirão Preto, USE--RP, 2004.

DIVERSOS AUTORES. *Allan Kardec – o grande codificador*. São Paulo, Martin Claret, 1995.

FERREIRA, Fábio. *De Rivail a Kardec*. Rio de Janeiro, EFA, s.d.

GODOY, Paulo Alves. *Grandes vultos do espiritismo*. São Paulo, Edições FEESP, 1981.

IMBASSAHY, Carlos. *A missão de Allan Kardec*. Curitiba, FEP, 1988.

KARDEC, Allan. *A Gênese, os Milagres e as Predições segundo o Espiritismo*. São Paulo, LAKE. 1977.

_____. *Iniciação Espírita*. Contendo os seguintes trabalhos do codificador: *O Espiritismo na sua Mais Simples Expressão, O Que é o Espiritismo* e *Instruções Práticas sobre as Manifestações Espíritas*. São Paulo, Edicel, s.d.

_____. *O Céu e o Inferno ou A Justiça Divina segundo o Espiritismo*. São Paulo, LAKE. 1977.

_____. *O Evangelho segundo o Espiritismo*. Capivari, Editora EME, 1996.

_____. *O Livro dos Espíritos*. Capivari, Editora EME, 1996.

_____. *O Livro dos Médiuns*. Capivari, Editora EME, 1997.

_____. *Obras Póstumas*. Rio de Janeiro, FEB, 1989.

_____. *Revista Espírita – Jornal de Estudos Psicológicos*. Vols. 1858 a 1869. São Paulo, Edicel, s.d.

MARTINS, Jorge Damas & BARROS, Stenio Monteiro de. *Allan Kardec: análise de documentos biográficos*. Rio de Janeiro, Lachâtre, 1999.

MONTEIRO, Eduardo Carvalho. *Allan Kardec, o druida reencarnado*. Capivari, Editora EME, 1996.

MOREIL, André. *Vida e obra de Allan Kardec*. São Paulo, Edicel, 1966.

PONTES, Demóstenes Jesus de L. *Allan Kardec: a epopeia de uma vida*. Bauru, CEAC Editora, 2004.

PUGLIESE, Adilton. *Allan Kardec e o centro espírita*. Salvador, LEAL, 2004.

SAUSSE, Henri. "Biografia de Allan Kardec", *in O Que é o Espiritismo*. Rio de Janeiro, FEB, 1993.

TAVARES, Clóvis. *A vida de Allan Kardec para crianças*. São Paulo, LAKE, 1990.

WANTUIL, Zêus & THIESEN, Francisco. *Allan Kardec*. Vols. I, II e III. Rio de Janeiro, FEB, 1982.

XAVIER, Francisco Cândido. Emmanuel (Espírito). *A caminho da luz*: história da civilização à luz do espiritismo. Rio de Janeiro, FEB, 1987.

Conheça do mesmo autor:

Doenças, Cura e Saúde à Luz do Espiritismo

Geziel Andrade – *14x21 cm* • *160 p.*

O leitor encontrará nesta nova edição uma reafirmação daqueles ensinamentos da Doutrina Espírita apresentados nas edições anteriores, mas também um enfoque maior nas recomendações que concorrem para a cura e a preservação da saúde, tanto da alma, quanto do perispírito e do corpo material.

Perispírito - O que os Espíritos disseram a respeito

Geziel Andrade – *16x23 cm* • *216 pp*

Por meio de uma linguagem fácil, Geziel consolidou neste livro, tudo o que os espíritos disseram a respeito do perispírito. Além de utilizar-se das informações contidas nas obras básicas e na *Revista Espírita*, Geziel visita também a vasta bibliografia de Léon Denis, Delanne, Emmanuel/Chico Xavier, Manoel Philomeno de Miranda/Divaldo Franco. Não se esquecendo do consagrado repórter do Além, mergulhou fundo também na extensa obra de André Luiz, dedicando-lhe uma das quatro partes deste trabalho.

Não encontrando os livros da EME na livraria de sua preferência, solicite o endereço de nosso distribuidor mais próximo de você através do fone/fax: (19) 3491-7000.
E-mail: vendas@editoraeme.com.br – Site:www.editoraeme.com.br